现代财政税收探索

李善英 孙 锐 王志芳◎著

中国书籍出版社
China Book Press

图书在版编目（CIP）数据

现代财政税收探索 / 李善英，孙锐，王志芳著．--北京：中国书籍出版社，2024.1
　ISBN 978-7-5068-9575-0

　Ⅰ．①现⋯ Ⅱ．①李⋯②孙⋯③王⋯ Ⅲ．①财政管理—研究—中国②税收管理—研究—中国 Ⅳ．
①F812.2 ②F812.423

中国国家版本馆 CIP 数据核字 (2023) 第 177815 号

现代财政税收探索
李善英　孙　锐　王志芳　著

图书策划	邹　浩
责任编辑	毕　磊
责任印制	孙马飞　马　芝
封面设计	博健文化
出版发行	中国书籍出版社
地　　址	北京市丰台区三路居路 97 号（邮编：100073）
电　　话	（010）52257143（总编室）　　（010）52257140（发行部）
电子邮箱	eo@chinabp.com.cn
经　　销	全国新华书店
印　　厂	北京四海锦诚印刷技术有限公司
开　　本	710 毫米 × 1000 毫米　1/16
印　　张	11.5
字　　数	216 千字
版　　次	2024 年 1 月第 1 版
印　　次	2024 年 1 月第 1 次印刷
书　　号	ISBN 978-7-5068-9575-0
定　　价	68.00 元

版权所有　翻印必究

前　言

　　财政税收是以获得财政收入为主要目的进行征税且用于调整政府财政收入的过程。根据各税种的功能可以分为财政性税收和非财政性税收，其中财政性税收是以获得财政收入为主要目的的行为，非财政性税收则并不以收入为主要目的，是政府以税收作为工具调整财政收入对社会活动干预的行为。财政税收是整个财政的一个重要组成部分，其发展直接影响着整个财政的发展，其次财政税收作为一种常规性的调节手段，是国家实施宏观调控的重要杠杆以及反映经济运行规律的工具。财政税收对社会资源配置，收入分配、企业经济活动、居民切身利益及政府决策行为具有重大影响，并在经济、医疗、教育、社保、环保、惠及民生，促进就业，构建和谐社会等各方面发挥着越来越重要的积极作用。

　　本书主要研究现代财政税收，作者从财政与税收基础介绍入手，针对公共财政及其职能、财政收入与财政支出以及财政收入与财政支出进行了分析研究；另外，对国债、国家预算及预算管理体制、所得课税与财产课税、资源课税、行为课税与国际税收做了一定的介绍；还对现代事业单位税收管理与措施做了一些介绍；旨在摸索出一条适合我国国情的现代财政税收的科学道路，帮助相关工作者在应用实践中少走弯路，运用科学方法，提高效率。对现代财政税收探索有一定的借鉴意义。

　　在本书的写作过程中，作者参阅、借鉴和引用了国内外许多同行的观点和成果。各位同仁的研究奠定了本书的学术基础，为现代财政税收探索研究的展开提供了理论基础，在此一并感谢。另外，受水平和时间所限，书中难免有疏漏和不当之处，敬请读者批评指正。

目 录

第一章 财政与税收基础 ·· 1

    第一节 财政概论 ·· 1

    第二节 税收原理 ··· 12

第二章 公共财政及其职能 ·· 20

    第一节 政府、市场与公共财政 ·· 20

    第二节 公共财政的基本职能 ·· 31

第三章 财政收入与财政支出 ··· 44

    第一节 财政收入 ··· 44

    第二节 财政支出 ··· 53

第四章 国债、国家预算及预算管理体制 ··· 69

    第一节 国债原理与制度 ·· 69

    第二节 国家预算 ··· 84

    第三节 预算管理体制 ··· 91

第五章 增值税、消费税与关税 ·· 102

    第一节 增值税 ·· 102

    第二节 消费税 ·· 117

    第三节 关税 ··· 125

第六章 所得课税与财产课税 ········ 136

第一节 所得课税 ········ 136
第二节 财产课税 ········ 146

第七章 资源课税、行为课税与国际税收 ········ 158

第一节 资源课税 ········ 158
第二节 行为课税 ········ 162
第三节 国际税收 ········ 169

参考文献 ········ 176

第一章 财政与税收基础

第一节 财政概论

一、财政的概念

(一) 财政的含义

在我国学术界,关于财政的定义很多,这些定义是学者们从不同的角度探索财政概念的内涵和外延的结果。就现代财政而言,财政是一种国家行为;财政是一种分配范畴,财政活动是一种分配活动;财政活动是社会再生产活动的一个有机组成部分。

从财政的本质及其基本特征出发,并立足社会主义市场经济的体制环境,财政在经济范畴的定义概括为:财政是以国家为主体,通过政府收支活动,集中一部分社会资源,用于行使政府职能和满足社会公共需要的经济活动。

对于财政的含义我们可以从以下几方面加以理解。

1. **财政分配的主体**

财政分配的主体是国家。它包含三个方面的意思。

(1) 财政分配必须依托国家的公共权力

财政是一种非市场行为,是一种对收入的再分配。首先,国家是社会公共事务管理机关,它通过法律、秩序和公共服务,为社会提供公共产品,因而有权从社会总产品中获得自己的一份收入。但是,它不直接参与物质产品生产活动,因而不可能从国民收入的初次分配中获得收入,而只能依托其公共权力通过再分配的方式获得收入。

其次,公共事务在本质上是全体居民共同利益的体现。但是,这种利益往往是比较抽象的,如国防、安全、秩序等,因此,国家无法像市场行为那样按向个人提供的服务来收费,因而只有凭借公共权力,通过税收和行政性收费方式来获得收入。因此,财政活动必须以国家为依托。

（2）国家的存在和发展必须依靠财政

财政是国家政府能够正常运转的物质基础和重要保障。因此，国家对财政有较强的依赖性。

（3）政府是国家行使其职能的公共权力机构

政府行使国家权力，表现为政府行使其职能，包括政治职能、经济职能、社会职能。

2. 财政分配的对象

从财政分配的客体考察，财政分配的对象是社会产品的一部分。按照我们对社会产品的分析，全部社会产品是由补偿生产资料消耗部分，劳动者个人收入部分，以及剩余产品价值部分所组成。

从财政的实际运行情况来看，财政收入中既包含剩余产品价值部分，也包含劳动者个人收入部分。就全部收入而言，我国财政分配的对象主要是剩余产品价值部分，但从社会经济的发展来看，劳动者个人收入部分对财政分配的影响作用越来越大。

3. 财政分配的目的

财政分配的目的是满足社会公共需要。一般经济分配是用于满足单位和个人需要的，而财政分配是为了保证国家实现其职能的需要，这种需要属于社会公共需要。任何国家都不能仅仅执行政治职能。财政分配除了要满足权力机关需要外，还要不同程度地为发展文教科学卫生事业和经济建设提供财力保证，以执行其经济和社会职能。

国家在社会经济生活中的作用，总的趋势是随着社会经济的发展而日益加强，这是生产现代化、社会化的客观要求。不同的是，各社会形态的国家职能和满足社会公共需要的性质、范围有所不同。

社会公共需要是相对于私人需要和微观主体需要而言的。所谓社会公共需要是指向社会提供安全、秩序、公民基本权利和经济发展的社会条件等方面的需要。

社会公共需要具有如下基本特征。

（1）总体性

社会公共需要是就社会总体而言的，为了维持一定政治经济生活，维持社会再生产的正常运行，必须满足由社会集中、执行和组织的社会职能的需要。

（2）共同性

为满足社会公共需要提供的产品和服务是向社会公众共同提供的，其效用具有"不可分割性"，即它是向社会公众而不是向某个人或集团提供的，是社会共同享用的，而不是某个人或集团享用的。

（3）不对称性

满足私人需求需要等价交换，而社会成员享用为满足社会公共需要提供的产品和服务，无须付出任何代价或只需支付少量的费用。

综上所述，国家主体性是财政最本质的内涵和特征，财政的其他内涵和特征是由国家主体性派生的。因而，财政也可简称为以国家为主体的分配活动和分配关系。

（二）财政的属性

财政属性是指财政这一事物所具有的性质和特点。一般认为，财政具有以下属性。

1. 阶级性与公共性

财政既然是国家或政府的经济行为，那么财政具有鲜明的阶级性就不言而喻了。同时，财政又具有鲜明的公共性。这是因为：就财产而言，公与私是产权关系的界定问题；就行政管理或事务管理而言，则是社会分工问题。自从国家产生以后，社会事务就划分为"公办"和"私办"两类事务，由国家或政府来办的事务是"公办"亦即"公事"；由私人自己来办的事务就是"私办"，亦即"私事"。财政是为国家或政府执行其职能提供财力的，属于"公办""公事"，自然具有公共性。财政的公共性不是市场经济条件下才存在的，前面说的国家或政府执行某种社会职能是公共事务，甚至阶级统治是历史发展的必然结果，也属于公共事务。

在我国过去的计划经济条件下，尽管国家包揽的事务过多过宽，但也并没有包揽私人的全部事务，也有"公办""公事"和"私办""私事"之分，例如，财政没有包揽家庭理财，没有包揽企业财务，甚至国有企业财务也不是完全属于财政范围。因此，财政的公共性，不是因为冠以"公共财政"的名称而存在的，而是因为财政本身的天然属性具有公共性。

2. 强制性与无直接偿还性

财政的强制性是指财政这种经济行为及其运行是凭借国家政治权力，通过颁布法令来实施的。当国家产生以后，对社会产品占有的过程中存在两种不同的权力：所有者权力和国家政治权力。前者依据对生产资料和劳动力的所有权占有，后者凭借政治权力占有。例如，政府对公民征税，就意味着政治权力凌驾于所有权之上，依法强行征收，任何形式的抗税都是一种违法行为。

同样，财政支出也具有强制性特征。在财政支出规模和用途的安排中，众多的公民可能有这样或那样的不同意见。有的要求建一条公路，有的则可能要求建一个公园，但公共支出不能按某一公民的意见作出决策，在民主政治下，必须通过一定的政治程序作出决策并依法强制实施。

财政无直接偿还性是和它的强制性相一致的。例如，国家征税之后，税款即归国家所有，对纳税义务人不需要付出任何代价，也不需要偿还。当然，从财政收支的整体过程来看，我国的税收是"取之于民，用之于民"的，就这个意义上说，税收具有间接的偿还性。但是，每一个纳税义务人都无权要求从公共支出中享受与他的纳税额等值的福利，也就是说，对每一个纳税义务人来说，他的付出和所得是不对称的，这是财政运行的一个重要特点，即无直接偿还性。

3. 收入与支出的对称性（或平衡性）

财政的运行过程是有收有支，即通过"收入—支出、支出—收入"过程运行的，因而收入与支出的对称性构成财政运行的一个重要特征。关于财政收入与支出的关系，我国历来就有"以收定支"和"以支定收"的争论。不管是收入决定支出，还是支出决定收入，这种争论说明收入与支出是财政运行过程中相互制约的两方，收支是否对称或平衡构成财政运行的主要矛盾。

收支是否平衡，表面上是一种收支关系，而背后是反映政府和企业、居民之间的关系，反映各阶级、各阶层之间的利益关系，反映中央与地方、各地区以及政府各部门之间的利益关系，因而收支平衡也成为制定财政政策的轴心。

综观古今中外，收支的绝对平衡几乎是不存在的，有时收大于支，有时支大于收。收大于支意味着有结余，财政运行似乎稳妥，但常年形成大量结余则说明政府集中的资源没有充分运用，会抑制社会经济的发展。支大于收意味着出现赤字，如果出于政策需要，运用得当，会有利于社会经济的发展。但连年不断形成大量赤字，则说明财政运行失控，影响市场经济效率，甚至最终导致通货膨胀。为此，有的国家规定赤字和公债发行的上限，或通过立法来制约国债的发行。

因此，围绕收支平衡这个轴心，合理安排支出规模和结构并提高使用效益，制定合理的税收和收费制度并保证收入的及时、足额入库，发挥国债积极作用的同时防止赤字和国债发行的失控，制定财政管理体制以合理调节中央与地方关系，依据政治经济形势的发展及时调整财政政策等，就构成一条财政学的主线。

二、财政的职能

（一）资源配置职能

资源配置的问题是经济学研究的逻辑起点。任何社会可用于生产的资源无论在质还是在量上都是有限的，如土地（自然资源）、劳动力和资本，而这些资源要用来满足的人类的需求是无限的、多样的，于是产生了如何在各种需求之间最优配置的问题。应该用何种方式作出资源配置的决策，政府应该如何促进社会资源的最优配置，这正是财政学要回答的基本问题，即如何利用这个权力配置好资源。

1. 资源配置职能的含义

资源配置，用通俗一点的语言来表达，广义地理解可以是指社会总产品的配置，狭义地理解可以是指生产要素的配置。不论何种理解，资源配置就是运用有限的资源形成一定的资产结构、产业结构以及技术结构和地区结构，达到优化资源结构的目标。

2. 资源配置职能的目标

世界上所有国家都将高效地配置资源作为头等重要的经济问题，而资源配置的核心是效率问题，效率问题又是资源的使用方式和使用结构问题。经济学中，关于资源配置效率含义最严谨的解释，也是最通常所使用的解释，即"帕累托效率"准则。简而言之，如果社会资源的配置已经达到这样一种状态，任何重新调整都不可能在不使其他任何人境况变坏的情况下，而使任何一个人的境况更好，那么，这种资源配置的状况就是最佳的，也就是具有效率的。

如果达不到这种状态，即可以通过资源配置的重新调整而使某人的境况变好，而同时又不使任何一个人的境况变坏，那就说明资源的配置状况不是最佳的，也是缺乏效率的。当然，"帕累托效率"准则，只是一个理想的状态，现实中难以实现。

在市场经济体制下，市场在资源配置中起基础性作用，在具备充分竞争条件下的市场，会通过价格与产量的均衡自发地形成一种资源配置最佳状态。但由于存在市场失灵，市场自发形成的配置不可能实现最优的效率状态，因而需要政府介入和干预。财政的配置职能是由政府介入或干预所产生的，它的特点和作用是通过本身的收支活动为政府提供公共物品的经费和资金，引导资源的流向，弥补市场的失灵和缺陷，最终实现全社会资源配置的最优效率状态。因此，财政的资源配置职能要研究的问题主要是：资源配置效率用什么指标来表示，如何通过政府与市场的有效结合提高资源配置的总效率以及财政在配置资源中的特殊机制和手段。

在实际生活中，各国政府通常是采取某些指标（如失业率和经济增长率）或由若干指标组成的"景气指数"来表示资源配置效率，我国当前主要采取 GDP 增长率指标。GDP 增长率指标无疑存在某些缺陷，如 GDP 增长有可能不会带来居民福利和社会福利的提高等。但是，GDP 是按市场价格表示的一个国家的所有常驻单位在一定时期生产活动的最终成果，可以反映一个国家经济总体规模和经济结构，反映一个国家的贫富状况和居民的平均生活水平，反映当前经济的繁荣或衰退以及通货膨胀或通货紧缩的态势等，因而对于以经济增长为主要目标的发展中国家来说仍是可取的。

3. 财政资源配置职能的主要内容

在市场经济体制下，财政应该在公共产品、准公共产品、自然垄断行业产品等方面进行资源配置。主要内容有如下几个方面。

（1）调节资源在产业部门之间的配置

调整产业结构不外乎两条途径：一是调节投资结构（即增量调节）；二是改变现有企业的生产方向，即调整资产存量结构促使一些企业转产。财政在这两方面都发挥着作用。

首先，调整投资结构。调整预算支出中的投资结构表现在：加大了能源、交通、基础产业和基础设施的投资，减少一般加工工业投资；利用财政税收和投资政策引导投资方向，通过不同的税率、不同的折旧率及不同的贷款利率来实现调节目的。

其次，调整产业存量结构。过去主要靠对企业实行"关、停、并、转"的行政手段，今后根据市场经济要求，除必需的行政手段外，主要通过兼并和企业产权重组来进行，针对不同产业实行区别对待的税收政策。

（2）调节资源在不同地区之间的配置

我国幅员辽阔，但地区间经济发展极不平衡。东部集中了国家先进的工业，高精尖技术和丰富的信息资源，全国 GDP 的 3/4 都出自东南沿海；西部地区生产力发展水平比较落后，但有丰富的原材料资源储备和廉价的劳动力市场。其原因主要有：一是由于历史的、地理的和自然条件方面的差异；二是由于纯粹的市场机制导致资源往往向经济发达地区单向流动，从而使落后地区更加落后，发达地区也更加发达。这不利于经济的长期稳定均衡的发展，因此需要运用财政支出、税收、公债、补贴、财政体制及政策等方面的手段调节资源在不同地区间的合理配置。

改革开放以来，我国通过推行"梯度推移"的战略，优先发展东部沿海地区，在这一过程中的倾斜式的财税政策作为一种"双刃剑"政策，一方面促进了东部地区的迅速崛起，同时也在另一方面拉大了东西地区的差距。

（3）调节全社会资源在政府和非政府部门之间的配置

社会资源在政府和非政府部门之间的分配比例，其依据主要是社会公共需要在整个社会需要中所占比例。这一比例不是固定不变的，而是随着经济的发展、国家职能和活动范围的变化而变化的。应当使政府部门支配和使用的资源与承担的责任相适应，政府支配的资源过多或过少都不符合优化资源配置的要求。

4. 财政实现资源配置职能的机制和手段

（1）确定财政收支占国民收入的合理比例

在明确社会主义市场经济中政府经济职能的前提下，确定社会公共需要的基本范围，确定财政收支占 GDP 的合理比例，从而实现资源配置总体效率。我国过去一段时间内，预算内的财政收支占 GDP 的比重、中央财政收入占全部财政收入的比重明显偏低，不能有效地保证理应由财政承担的重要投入，对引导社会资金的合理流动也缺乏力度，教育、公共卫生、环境保护、社会保障、科技进步、农业发展等方面的投入不足，财政在支持经济建设特别是结构性调整方面处于软弱无力的地位，这些都是财政资源配置职能弱化的表现。

（2）优化财政支出结构

优化财政支出结构，正确安排财政支出中的购买性支出和转移性支出、消费性支出和投资性支出的比例；合理安排财政支出的规模和结构。贯彻国家的产业政策，保证重点建设的资金需要；保证重点支出，压缩一般支出，提高资源配置的结构效率。我国国民经济和社会发展战略规划明确规定了对资源配置的要求：各级政府要加强农业投入，要加大科技投入，基础性项目主要由政府集中必要资金进行建设，公益性项目主要运用财政资金安排建设，增加对西部开发和振兴东北老工业基地的财政支持。

（3）通过合理安排政府投资的规模和结构确保国家的重点建设

政府投资规模主要指预算内投资在社会总投资中所占的比重，表明政府集中的投资对社会总投资的调节力度。而预算内投资结构和对重点建设的资金投入，在产业结构调整中起着重要作用，这种作用对发展中国家有着至关重要的意义。我国过去预算内投资占全社会投资比重过低，公共设施和基础设施发展滞后对经济增长形成了"瓶颈"制约，自实施积极财政政策以后才大有改观。

（4）鼓励并调节民间投资

通过政府投资、税收和补贴等手段，带动和促进民间投资及对外贸易，吸引外资，提高经济增长率。财政以投资、税收、财政补贴和贴息等手段引导、调节企业投资方向，扶持国家政策性的投资项目。

(5) 提高财政资源配置本身的效率

对每项生产性投资的确定和考核都要进行成本—效益分析，对于公共建筑和国防工程之类的属于不能收回投资的项目，财政拨款应视为这种工程的成本，力求以最少的耗费实现工程的高质量，甚至作为财政收入的主要形式的税收，也存在税收收入与税收成本的对比问题。我国近年来编制部门预算、实行政府采购制度、实施集中收付制度、采用"收支两条线"制度以及加强税收征管，都是提高财政资源配置本身效率的重大举措，提高了财政支出的经济效益，避免资源的浪费。

（二）收入分配职能

1. 财政收入分配职能的含义

收入分配职能是指财政在国民收入分配中，通过对参与收入分配的各主体利益关系的调节，克服市场机制缺陷造成的收入和财富分配不公以及按劳分配不能完全保证实现的财富分配不公，从而达到公平合理分配的目标。

在市场机制的作用下，由于人们占有（或继承）财产情况的不同以及劳动能力的差别，由市场决定的收入分配状况，往往是极不公平的。这不仅有违社会公平原则，而且会导致诸如贫困、富裕阶层中财富的浪费、社会冲突、低收入阶层得不到发展与改善自己处境的机会等消极的社会后果。因此，政府有义务用财政调节手段解决收入分配不公问题。

2. 财政收入分配职能的目标

收入分配的目标是实现公平分配，而公平分配又包括经济公平和社会公平两个层次。经济公平（规则公平）强调要素的投入与要素的收入相对称，它是在市场竞争的条件下由等价交换来实现，这种公平与效率相一致。社会公平（包括起点公平和结果公平）是将以上（市场）分配的偏差所造成的收入差距维持在各阶层所能承受的范围内。财政学探讨的是社会公平，因为前一个公平（经济公平）已由市场在交换中解决。

3. 财政收入分配职能的内容

（1）调节企业利润水平

首先，企业的税收负担要适度。使政府税收既满足国家行使职能的财力需要，又要使企业有自我发展、自我积累和自我改造的能力。其次，企业的利润水平要能反映企业的经营管理水平和主观能力状况。

（2）调节居民收入水平

现阶段，我国实行的是按劳、按资、按需分配相结合，并以前者为主。个人收入既要

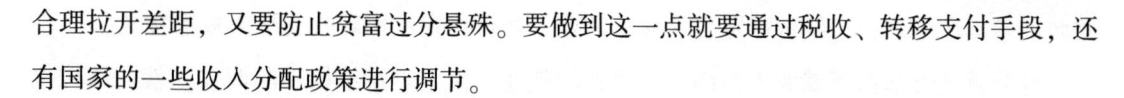

合理拉开差距，又要防止贫富过分悬殊。要做到这一点就要通过税收、转移支付手段，还有国家的一些收入分配政策进行调节。

4. 财政实现收入分配职能的机制和手段

（1）划清市场分配与财政分配的界限和范围

原则上属于市场分配的范围，财政不能越俎代庖；凡属于财政分配的范围，财政应尽其职。比如，应由市场形成的企业职工工资、企业利润、租金收入、财产收入、股息收入等，财政的职能是通过再分配进行调节的。而医疗保险、社会福利、社会保障等，则应改变目前"企业办社会"的状况，由财政集中分配，实行社会化。

（2）规范工资制度

这里是指由国家预算拨款的政府机关公务员的工资制度和视同政府机关的事业单位职工的工资制度。凡应纳入工资范围的收入都应纳入工资总额，取消各种明补和暗补，提高工资的透明度；实现个人收入分配的货币化和商品化；适当提高工资水平，建立以工资收入为主、工资外收入为辅的收入分配制度。

（3）加强税收调节

税收是调节收入分配的主要手段，通过间接税调节各类商品的相对价格，从而调节各经济主体的要素分配；通过企业所得税调节公司的利润水平；通过个人所得税调节个人的劳动收入和非劳动收入，使之维持在一个合理的差距范围内；通过资源税调节由于资源条件和地理条件而形成的级差收入；通过遗产税、赠与税调节个人财产分布等。

（4）扩大转移性支出

通过转移性支出，如社会保障支出、救济金、补贴等，使每个社会成员得以维持起码的生活水平和福利水平。

（三）经济稳定职能

1. 经济稳定职能的含义

经济稳定职能是政府运用税收、公债、转移性支出、投资等财政变量与其他经济变量的有机联系和相互影响，来调节和管制社会需求的总量和结构，使之与社会供给相适应，促使经济增长过程持续稳定的职责和功能。在市场经济中，由于市场机制的自发作用，不可避免地造成经济的波动，社会总需求与总供给的不平衡、通货膨胀、失业、经济危机是经常发生的，有时甚至还会出现通货膨胀和经济停滞并存的"滞胀"局面。这就需要政府对市场进行干预和调节，以维持生产、就业和物价的稳定。因此，经济稳定和增长就成为财政的基本职能之一。经济稳定包含充分就业、物价稳定和国际收支平衡多重含义。

充分就业并非指可就业人口的百分之百的就业。由于经济结构不断调整，就业结构也在不断变化。在任意时点上，总会有一部分人暂时脱离工作岗位处于待业状态，经过一段时间培训后重新走上工作岗位。因而，充分就业是指可就业人口的就业率达到了由该国当时社会经济状况所能承受的最大比率。

物价稳定也并不意味着物价冻结、上涨率为零。应当承认，即使在经济运行正常时期，物价的轻度上涨也是一个必须接受的事实，而且有利于经济增长。相反，物价长时间低迷并不利于经济的正常运行。所以，物价稳定是指物价上涨幅度维持在不至于影响社会经济正常运行的范围内。

国际收支平衡指的是一国在国际经济往来中维持经常性项目收支（进出口收支、劳务收支和无偿转移收支）的大体平衡，因为国际收支与国内收支是密切联系的，国际收支不平衡同时意味着国内收支不平衡。

增长和发展是不同的概念。增长是指一个国家的产品和劳务的数量的增加，通常用国民生产总值（GNP）或国内生产总值（GDP）及其人均水平来衡量。发展比增长的含义要广，不仅意味着产出的经济增长，还包括随着产出增长而带来的产出与收入结构的变化以及经济条件、政治条件和文化条件的变化，表现为在国民生产总值中农业比重相应下降，而制造业、公共事业、金融、贸易、建筑业等的比重相应上升，随之劳动就业结构发生变化，教育程度和人才培训水平逐步提高。简言之，发展是一个通过物质生产的不断增长来全面满足人们不断增长的基本需要的概念，对发展中国家来说，包括消除贫困、失业、文盲、疾病和收入分配不公等现象。

2. 财政实现经济稳定职能的机制和手段

（1）通过财政预算政策进行调节

经济稳定的目标集中体现为社会总供给和社会总需求的大体平衡。如果社会总供求保持了平衡，物价水平就是基本稳定的，经济增长率也是适度的，而充分就业和国际收支平衡也就不难实现。财政政策是维系总供求大体平衡的重要手段。当总需求超过总供给时，财政可以实行紧缩政策，减少支出和增加税收或两者并举，一旦出现总需求小于总供给的情况，财政可以实行适度放松政策，增加支出和减少税收或两者并举，由此扩大总需求。在这个过程中，财政收支发生不平衡是可能的而且是允许的。针对不断变化的经济形势而灵活地变动支出和税收，被称为"相机抉择"的财政政策。

（2）发挥财政"自动稳定器"的作用

在财政实践中，还可以通过一种制度性安排，发挥某种"自动"稳定作用，例如累进税制度、失业救济金制度，都明显具有这种作用。原则上说，当经济现象达到某一标准就必须安排的收入和支出，均具有一定的"自动稳定"作用。当然，这种"自动稳定"的机制究竟有多大的作用尚可存疑，更何况，在类似我国这样的发展中国家，这种机制本身就是欠缺的。

在收入方面，主要实行累进所得税制。在这种税制条件下，当经济过热出现通货膨胀时，企业和居民收入增加，适用税率相应提高，税收的增长幅度超过国民收入增长幅度，从而可以抑制经济过热；反之，当经济萧条时，企业和居民收入下降，适用税率相应降低，税收的降低幅度超过国民收入的降低幅度，从而可以刺激经济复苏。当然，上述作用是以所得税，特别是个人所得税在整个税收中占有相当大的比重为前提的。目前，在我国企业所得税实行比例税率，而个人所得税又微不足道，这种作用十分微小，但从长远看，作为一种制度安排，仍然有借鉴意义。

在财政支出方面，主要体现在转移性支出（社会保障、补贴、救济、福利支出等）的安排上，其效应正好同税收相配合。经济高涨时，失业人数减少，转移性支出下降，对经济起抑制作用。反之，经济萧条时，失业人数增加，转移性支出上升，对经济复苏起刺激作用。

（3）加强公共设施的投资力度

通过投资、补贴和税收等多方面安排，加快农业、能源、交通运输、邮电通信等公共设施的发展，消除经济增长中的"瓶颈"，并支持第三产业的兴起，加快产业结构的转换，保证国民经济稳定与高速增长的最优结合。

（4）切实保证非生产性的社会的公共需要

诸如，为社会经济发展提供和平安定的环境，治理污染，保护生态环境，提高医疗卫生水平，加快文教的发展，完善社会福利和社会保障制度，使增长与发展相互促进、相互协调，避免出现某些发展中国家曾经出现的"有增长而无发展"或"没有发展的增长"现象。

第二节 税收原理

一、税收概述

(一) 税收的基本概念

1. 税收定义

自古以来，税收问题关系国计民生，影响社会安定，既是重大的经济问题，又是重大的政治问题。

税收是国家依据法律规定，按照固定比例对社会产品进行的强制、无偿的分配，它是财政收入的主要形式。到了现代社会，税收已成为政府对经济进行宏观调控的重要手段。

税收定义包含着丰富的内涵，具体内容大致可归纳为 5 个方面。

(1) 税收是由政府征收的

即只有政府（包括中央政府和地方政府）才能行使征税权，其他任何组织或机构均无征税权。税收征收的主体只能是代表社会全体成员行使公共权力的政府。

(2) 政府征税凭借的是国家的政治权力

国家的权力分为两种，一种是财产权利，一种是政治权力。政府征税正是凭借政治权力，并以法律的形式予以明确规定，因而可以依法强制地向社会成员征税。

(3) 政府征税的目的是满足整个社会公共产品的需要

国家在履行其公共职能过程中必然要有一定的公共支出。公共支出一般情况下不能由公民个人、企业采取自愿出资的方式，而只能采用由国家（政府）强制征税的方式，由经济组织、单位和个人来负担。国家征税的目的是满足政府经费开支的需要、满足社会公众对公共物品的需求、满足国家提供公共产品的需要，其中包括政府弥补市场失灵，促进公平分配等需要。同时，国家征税也要受到所提供公共产品规模和质量的制约。税收成为各国政府对经济进行宏观调控的重要政策手段。

(4) 按照法律规定的条件和标准征税

凭借国家的政治权力，把劳动者创造的一部分社会产品用税收的形式集中到国家手中，是依靠法律规定的条件和标准进行的。国家通过制定税法及其实施细则，凭借它来要求纳税人将其收入或财产的一部分以货币或实物的形式转移给国家，具有强制性。若没有税法，无论法人还是自然人都会感到无所适从，难以纳税。

（5）税收属于分配范畴

国家征税就是把一部分社会产品从其他社会成员中强制地、无偿地转变为国家所有，在全社会范围内统一分配使用。同时，政府征税的结果，必然引起社会各成员间占有社会产品和国民收入分配比例的变化，使得一部分社会成员占有的比例增加，另一部分社会成员占有的比例减少。

2. 现代税收的本质

税收在本质上是以满足公共需要为目的，由政府凭借政治权力（公共权力）进行分配而体现的特殊分配关系。

（1）税收的本质是一种分配关系

当税收参与社会产品各部分价值分配时，必然导致政府与产品价值原拥有者之间的利益分配关系。税收是国家取得财政收入的一种重要工具，其本质是一种分配关系。国家要行使职能必须有一定的财政收入作为保障。取得财政收入的手段多种多样，如税收、发行货币、发行国债、收费、罚没，而税收收入是大部分国家取得财政收入的主要形式。我国自1994年税制改革以来，税收收入占财政收入的比重基本维持在90%以上。在社会再生产过程中，分配是连接生产与消费的必要环节，在市场经济条件下，分配主要是对社会产品价值的分割。税收解决的是分配问题，处于社会再生产的分配环节，因而它体现的是一种分配关系。

（2）税收是一种特殊的分配关系

①税收分配关系的特殊性首先应从税收分配的"目的"着眼。

②税收分配关系特殊性的进一步理解在于税收分配的依据。

③税收分配关系的特殊性还可从社会财富分配的层面去理解，我们知道，社会财富的分配可以分为两个层次，即初次分配与再分配。

国家征税的依据是政治权力，它有别于按要素进行的分配，征税的目的是满足社会公共需要，国家参与的分配更多的是再分配过程。国家通过征税，将一部分社会产品由纳税人所有转变为国家所有，因此征税的过程实际上是国家参与社会产品的分配过程。国家与纳税人之间形成的这种分配关系与社会再生产中的一般分配关系不同。分配问题涉及两个基本问题：一是分配的主体；二是分配的依据。税收分配是以国家为主体所进行的分配，而一般分配则是以各生产要素的所有者为主体所进行的分配；税收分配是国家凭借政治权力进行的分配，而一般分配则是基于生产要素所进行的分配。

（二）税收的形式特征

1. 强制性

税收强制性，是指税收凭借国家政治权力征收，通过强制手段对国民收入分配中已实现的收入进行再分配。强制的含义是指：一方面国家依法获得各种税的征税权；另一方面使纳税人的纳税义务成立。

强制性是国家的政治权力在税收上的法律体现，是国家取得税收收入的根本前提。它也是与税收的无偿性特征相对应的一个特征。正因为税收具有无偿性，才需要通过税收法律的形式规范征纳双方的权利和义务，对纳税人而言依法纳税既是一种权利，更是一种义务。

因此，纳税人必须依法纳税，尽其纳税义务；如果不依法纳税，就要受到法律的制裁。税务机关可以通过加收滞纳金、罚款、通知银行扣缴入库、扣押财产和最终提请法院强制执行等种种办法和制度，进行强制征收；而对于构成税务犯罪的，司法机关还要追究刑事责任。

税收的强制性特征使其与公债、政府收费和接受捐款等财政收入形式区别开来，是税收形式的最根本特征。与税收形式相比，政府发债取决于债权人的认购意愿，政府收费有着直接的服务对象，政府接受捐款更是依赖于捐款者的行为选择，这些都不具有强制性的形式特征。

2. 无偿性

税收的无偿性，是指国家征税以后对具体纳税人既不需要直接偿还，也不付出任何直接形式的报酬，纳税人从政府支出中所获利益通常与其支付的税款不完全成一一对应的比例关系。无偿性是税收的关键特征，它使税收明显地区别于国债等财政收入形式，决定了税收是国家筹集财政收入的主要手段，并成为调节经济和矫正社会分配不公的有力工具。

税收的这个特征是针对具体纳税人而言，即税款交纳后，国家与纳税人之间不再有直接的返还关系。它和我们后面要讲的国债、收费等财政收入形式不同，也与银行信用不同，它们都是需要偿还或付出代价的。

3. 固定性

税收的固定性，指税收是国家通过法律形式预先规定了对什么征税及其征收比例等税制要素，并保持相对的连续性和稳定性，即使税制要素的具体内容也会因经济发展水平、国家经济政策的变化而进行必要的改革和调整，但这种改革和调整也总是要通过法律形式事先规定，而且改革调整后要保持一定时期的相对稳定。基于法律的税收固定性始终是税收的固有形式特征，税收固定性对国家和纳税人都具有十分重要的意义。对国家来说，可以保证财政收入的及时、稳定和可靠，可以防止国家不顾客观经济条件和纳税人的负担能力，滥用征税权力；对于纳税人来说，可以保护其合法权益不受侵犯，增强其依法纳税的法律意识，同时也有利于纳税人通过税收筹划选择合理的经营规模、经营方式和经营结构等，降低经营成本。

税收的这一特点又与上缴利润和各种罚没收入不同。它既把国家和企业、个人的分配关系通过法律的形式固定下来，从而保证了财政收入的稳定性，也有利于维护纳税人的合法权益。

税收三性是一个完整的统一体，它们相辅相成、缺一不可。其中，无偿性是核心，强制性是保障，固定性是对强制性和无偿性的一种规范和约束。税收是以上三性的统一，只有同时具备这三个特征才构成税收。

（三）税收的分类

世界各国的税收制度不同，税种名称不同，且多少不一，有的几十种，有的上百种，为了便于分析研究，有必要对税种从不同角度进行分类。

1. 按课税对象的性质分类

这是最基本的一种分类方法，我国现行税种按课税对象可分为五大类：对流转额的征税、对所得额的征税、对行为的征税、对资源的征税、对财产的征税。

国外经济学把税收主要划分为三类：商品劳务税类、所得税类和财产税类。对行为征税划在商品劳务中的消费税里。

流转税，又称商品税，是指以商品流转额或非商品流转额为征税对象的税种。如增值税、消费税和关税等。

所得税，是指以纳税人的总收益或纯收益为征税对象的税种。如企业所得税、个人所得税等。

财产税，是指以纳税人所有或占有的财产为征税对象的税种。它主要有两种类型：一是对纳税人占有或移转的财产进行征税；二是对纳税人占有的财产的增值部分进行征税。如土地增值税、遗产税、房产税等。

资源税，是指以各种自然资源及其级差收入为征税对象的税种。如资源税、城镇土地使用税、耕地占用税等。

行为税，即政府出于调节和影响纳税人社会经济行为的目的而设立的税收。如印花税、车船税等。

— 15 —

2. 按计税依据分类

按税收的计量（或计征）标准分类，可分为从价税和从量税两大类。

从量税，是以征税对象的数量（如重量、长度、面积、容积、件数等）为课征标准，根据单位税额计算税额的税种。计税计量单位的确定和计算，在方法和手续上都极为方便易行。但从量税的税负轻重不能与物价变动因素相联系，在物价上涨时税额不能随之增加，使税收遭受损失。为此，从量税在设计上常常将同类物品区分为不同的税目，对价格高的规定较高的固定税额，对价格低的规定较低的固定税额。如资源税、车船税、土地使用税等。

从价税，是指以征税对象的价格或金额为课征标准，根据一定的比率计算税额的税种。从价税的税负轻重与征税对象的价格或金额高低的变化成正比关系。在物价上涨时，税额也随之增加，能保证税收的稳定。同时，从价税中的累进税其税负轻重还受到征税标准高低的影响。国家通过不同税率结构的设计，可以非常有效地实现量能纳税和公平税负，并达到各种调节目的。如增值税、关税、消费税等。目前，世界各国所实行的大部分税种均属于从价税，只有少数几种税属于从量税。

从税率的使用情况看，从价税多使用比例税率，而从量税多使用定额税率。

3. 按税收与价格的关系分类

按税收与价格的关系分类，可分为价内税和价外税两大类。

价内税，即计税价格中含有税金的一类税收，如我国的消费税。

价外税，即计税价格中不含有税金的一类税收，如我国的增值税。

在从价计税的场合下，课税对象的货币量（以流转税为例）称商品流转额。计税价格分为含税价格和不含税价格两种。含税价格是指法定构成要素，包括成本、利润和流转税税金三要素的价格。不含税价格是指法定构成要素，只包括成本和利润两个要素的价格。凡是以含税价格计税的税收称为价内税，凡是以不含税价格计税的税收称为价外税。无论是价内税还是价外税，流转税金都可能由消费者买方承担，其实际结果取决于供求关系。

4. 按税种的隶属关系分类

按税收管理权限和使用权限分类，可分为中央税、地方税和中央地方共享税三大类。

中央税，即隶属于中央政府、专门为中央政府预算筹资的税收，包括关税、海关代征消费税和增值税、消费税、车辆购置税。

地方税，即隶属于地方政府、专门为地方政府预算筹资的税收，包括城镇土地使用税、耕地占用税、土地增值税、房产税、车船税、契税、印花税等。

共享税，即税收收入可以在中央政府和地方政府之间共享的税收。如增值税：中央分享75%，地方分享25%。企业所得税：各银行总行及海洋石油企业等缴纳的部分归中央，其余部分中央分享60%，地方分享40%。证券交易印花税：中央分享97%，地方分享3%。城市维护建设税：各银行总行、各保险总公司等集中缴纳部分归中央政府，其余部分归地方政府。

5. 按税负能否转嫁分类

按税负能否转嫁分类，可分为直接税和间接税两大类。

直接税，是指税负由纳税人直接承受而不转嫁于他人的税种。直接税以归属于纳税人的所得和财产为征税对象，即税收法律主体与税收经济主体保持一致。这类税收的纳税人也就是负税人，税款由负税人直接向税务机关缴纳。

直接税的显著特点如下：①直接税的纳税人较难转嫁其税负。②直接税税率多采用累进税率，根据纳税人所得和财产的多少决定其负担水平。③直接税中的所得税，可以根据纳税人的生存能力和状况设置相应的减免额，使纳税人的基本生存权利得到保障。

直接税比较符合现代税法税负公平和量能纳税的原则，对于社会财富的再分配和社会保障的满足具有特殊的调节作用。

直接税特别是所得税的计算征收，涉及纳税人的各种复杂情况及采用累进税率等问题，比较烦琐困难，易产生税务纠纷。

间接税，是指税负能由纳税人转嫁于他人承受的税种。该税收的纳税人一般并不是负税人。间接税主要是对商品和劳务的流转额征税，纳税人通常把间接税款附加到或合并于商品价格或劳务收费标准之中，实际是由消费者最终承担税负。

间接税的特点如下：①税负转嫁特征明显，税收法律主体与税收经济主体多不一致。②间接税不能体现现代税法税负公平和量能纳税的原则。③间接税几乎可以对一切商品和劳务征税，其征税对象普遍、税源丰富。④间接税具有突出的保证财政收入的内在功能。

间接税的计算与征收无须考虑生产、经营成本与是否盈利等因素，只要一经发生应税项目，就可实现税收。因此，间接税具有突出的保证财政收入的内在功能。间接税的计算和征收，无须考虑到纳税人的各种复杂情况并采用比例税率，较为简便易行。间接税的存在与商品经济的发展水平有着密切的关系。一般认为，所得税和财产税属于直接税，而商品税属于间接税。

二、我国社会主义市场经济中的税收原则体现

(一) 财政原则

1. 财政收入要足额、稳定

一方面，开征一些新的直接税税种，如在全社会范围内普遍征收社会保障税，对遗产和赠与行为征收遗产税和赠与税，对股票等有价证券的交易行为开征证券交易税等。另一方面，要加强对现有直接税税种的征收管理，减少税收流失，从而逐步提高直接税收入在全部税收收入中的比重。

2. 财政收入要适度、合理

政府征税，包括税制的建立和税收政策的运用，应兼顾需要和可能，做到取之有度。

(二) 公平原则

我国社会主义市场经济下的税收公平原则应具有两层内涵：税负公平和机会均等。

税负公平，是指纳税人的税收负担要与其收入相适应，这既要求做到税收的横向公平，又要求达到纵向公平。要实现税负公平，就要做到普遍征收、量能负担，还需要统一税政、集中税权，保证税法执行上的严肃性和一致性。

机会均等，是基于竞争的原则，通过税收杠杆的作用，力求改善不平等的竞争环境，鼓励企业在同一起跑线上展开竞争，以达到社会经济的有序发展。要实现机会均等，就必须贯彻国民待遇原则，实现真正的公平竞争。

(三) 效率原则

效率原则，一方面要求提高税收的经济效率，使税收对市场微观活动的效率损害达到最小化；另一方面要求提高税收的行政效率，即税收的征管费用和执行费用最小化。提高征税效率，需要做到以下几点。

首先，要加强计算机网络建设，提高税收征管的现代化程度，这是提高我国征管效率的根本途径。

其次，要改进管理形式，实现征管要素的最佳结合。

最后，要健全征管成本制度，精兵简政、节约开支。

（四）法治原则

法治原则的内容包括两个方面：税收的程序规范原则和征收内容明确原则。前者要求税收程序（包括税收的立法程序、执法程序和司法程序）法定，后者要求征税内容法定。要实现依法治税，需要做到以下几点。

首先，要做到有法可依，这是法治原则的前提。

其次，要从严征管。要实现依法治税，还必须使用现代化手段，兴建税务信息网络。最后，还必须加强税收法制教育。

第二章 公共财政及其职能

第一节 政府、市场与公共财政

一、公共需求、公共财政与政府职能

(一) 公共需求与公共财政

人们无论是为了满足自己的私人需求，抑或为了满足整个社会的公共需求，都面临着同样的经济选择问题，即如何按照"效用最大化"或"成本最小化"原则而不断优化有限资源的配置。但是，满足这两类需求的基本方式则有所不同：为满足私人需求的"私人产品"的生产与消费均可以通过市场过程，经由厂商和消费者自愿交易活动得以实现；而为满足公共需求的"公共产品"的生产与消费则必须通过公共选择过程，并经由政府组织安排供给活动得以实现。这也是人们借以区分"私人需求"（"私人产品"）与"公共需求"（"公共产品"）之一般标准。当然，在物理形态上，"私人产品"一般为可分割性产品或劳务，普遍适用于个人消费，以满足"私人需求"；而"公共产品"一般为不可分割性产品或劳务，通常只能用于集体消费，以满足"公共需求"。

可以这样认为，政府的产生，或者它的存在就是为了满足经济社会的各种公共需求。为此，政府就要从事特定形式的经济收支活动，以提供一定数量与质量的公共产品与劳务。这些活动统称为财政或公共财政。于是"公共财政"可以定义为：政府为了满足国民的公共需求，在提供公共产品与劳务的过程中所从事的经济性收入、支出活动。这一定义概括了"公共财政"的基本内容，即协调政府与市场的关系，提供公共产品，控制财政收支，以及制定财政政策。此外，该定义还说明，财政既是一种经济现象，受一般性经济原则的支配，同时又是政府专门从事的经济活动，具有其特殊的性质。

(二) 现代政府的基本职能

政府一般要在社会经济生活里发挥三种重要职能，即保障国家安全职能、维持社会经

济秩序职能以及提供必要基础设施职能。

第一，君主的义务，首先保护本国社会的安全，使之不受其他独立社会的暴行与侵略。这种义务的实行，势必随着社会文明的进步，而逐渐需要越来越大的费用。这就是政府的对外职能，即保护自己的社会免遭其他独立社会的侵犯。要行使这种职能，政府就必须建立并维持一定数量的军队，就要为此支付一定规模的国防开支。

第二，君主的第二个义务，为保护人民不使社会中任何人受其他人的欺侮或压迫，换言之，就是设立一个严正的司法行政机构。这就是政府的对内职能，即保护本国社会内部各成员生命及财产免遭其他社会成员的侵害。在亚当·斯密（1723～1790年，英国经济学家、哲学家、作家，经济学的主要创立者）看来，只有在一个没有什么财产的社会里，民政政府才可能没有存在的必要。而在具有大宗财产获得的经济社会里，必须建立某种民政政府，以便通过司法官员的作用不断惩治一切侵害他人财产的非法行为。当然，有人认为打官司的费用可以由当事人负责支付，不一定非要政府负担，仅仅由当事人负担的司法费用通常是不稳定的，那么，"以不安定的财源，充当一种应当永远维持的机构费用，似乎不大妥当"[①]。

第三，君主或国家的第三种义务就是建立并维持某些公共机关和公共工程。这类机关和工程，对于一个大社会当然是有很大利益的，但就其性质说，是由个人或少数人办理，那所得利润决不能偿其所费。所以这种事业，不能期望个人或少数人出来创办或维持。这是政府的基本经济职能，该职能的充分发挥有助于便利社会商业的发展——一国商业的发达，全赖有良好的道路、桥梁、运河、港湾等公共工程。值得注意的是，亚当·斯密将发展公共教育、公共卫生等，也视为政府须承担的重要义务，被纳入政府的该职能。现代国家社会经济发展实践活动说明，斯密主张通过政府活动提供（除公共安全外的）某些重要的公共服务内容，实在具有先见之明。

从斯密关于政府职能的上述论述中，不难看出现代社会中，政府实际上是充当着"有用的公共产品提供者"和"私人经济行为调节者"的角色。当然，要使政府充分发挥好以上两大角色作用，即有效履行它的各种职能，就要把一定的社会权利交给政府，形成政府的事权。不过，要政府行使好事权，就要给它相应的足够的财权，即让政府利用公共财政收支活动科学地支配、配置社会资源的权力。虽然在不同政治体制、经济体制的国家，政府事权、财权的规模，以及制衡方式、程度均有很大差别，但是人们普遍认识到，无论何种国家、何种条件下，政府的权限越大，市场的权限、国民的自由权等就越小；反之，

---

① （英）亚当·斯密著.国民财富的性质和原因的研究 上 [M].北京：商务印书馆，2017.08.

结果亦相反。于是，长期以来，政治学、经济学、财政学研究中，对诸如经济社会应该赋予政府何等权力，如何有效限制政府的权力等问题始终存在着争议。

二、市场、政府与财政

（一）市场经济

1. 市场经济的含义

所谓市场经济就是建立在社会化大生产基础上的发达的商品经济，是一种社会经济形式和资源配置方式。市场经济是高度社会化和高度市场化的商品经济，是市场居于支配地位、市场机制发挥着基础性调节作用的商品经济，是商品经济发展的高级阶段和高级形式，是发达的商品经济。

（1）市场经济是一种社会经济形式

社会经济形式是指社会经济的各领域、地区、部门、行业、企业以及个人相互之间实行经济联系的手段、方式和途径的总称，市场经济是现代社会普遍存在的社会经济条件决定的。

在现代社会中，生产力的发展水平和状况决定了社会产品不足以充分满足人们的各种需要，劳动仍然是人们谋生的手段，这也就决定了各种经济利益主体之间在发生经济联系时，仍然必须采用商品、货币的形式和等价交换的方式，以保障他们正当的、合法的经济利益得到平等的实现。市场经济作为一种社会经济形式，还要求整个社会经济联系必须按市场经济运行的各种规律办事，不能违背客观的市场经济规律。

（2）市场经济是一种资源配置方式

资源配置方式是指为使经济行为达到最优和最合适的状态而对资源在社会经济的各个领域、地区、部门、行业、企业之间，在各种用途之间，进行配置的各种手段和方法的总称。市场经济作为资源配置的方式，能够起到资源优化配置的作用，这就是市场机制在资源配置中的作用。

市场机制以利益最大化为目标，以竞争为动力，用价格传递信息，引导各种市场主动地作出生产什么、生产多少、怎样生产以及消费什么、消费多少、怎样消费等一系列决策，从而引导稀缺资源在各个经济领域、地区、部门、行业、企业以至个人之间的自由流进和流出，达到资源的优化配置。

2. 市场经济的优势

人类社会的经济实践已经充分表明，市场经济是迄今为止最有效率的资源配置方式和手段之一，这一事实是不以社会性质的不同而转移的。

如果社会上的每个市场都能满足以下假定条件。

第一，在市场上有众多的买者和卖者。这意味着每个卖者所能提供的产品数量与每个买者计划购进的产品数量在市场总量中所占的份额都是微不足道的，它们不足以对市场价格的形成产生影响。

第二，人力、物力和财力等各种资源都能够自由地通过市场在不同企业、行业和地区之间转移，即不存在任何法律、社会或资金的障碍阻止个人和企业进入另一个行业。

第三，生产者和消费者对有关的市场信息是完全掌握的，他们不仅掌握今天的信息，而且了解以后发生的情况。

第四，生产者所提供的同种产品是同质的，即同一产品无差别。这样，对于消费者来说，他们不会由于自身的消费习惯或偏好而对有着不同品牌、包装、服务等的同种产品产生不同的兴趣，从而出现某一厂家的产品由于特别受消费者的欢迎而占据较大的市场份额，出现某种程度垄断的情景。

那么，在满足以上四个基本条件的所谓完全竞争市场上，无数带有自身利益的理性生产者和消费者相互作用的结果，能够使社会资源的配置达到最优状态。这样，借助于价格机制、供求机制、竞争机制、个人之间的利益互动机制和市场这只"看不见的手"，社会经济系统能够得到有效的运作，社会资源流入经济效益高的部门，实现社会经济效益的最大化。

3. 市场经济的缺陷

市场经济不是万能的，它在许多方面存在缺陷。在一些领域或场合，市场机制本身并不能得到有效发挥，从而无法得到有效配置资源的结果；而在另外一些领域或场合，市场机制即使能够发挥作用，通常也无法得到整个社会要求的正确的资源配置的结果。

（二）市场经济中的政府

1. 政府职能

职能，即职责和功能，泛指人、事物、机构的作用。政府职能，或者叫行政职能，是指政府在一定的历史时期内，根据国家和社会发展的需要而承担的职责和功能。政府职能分为基本职能和具体职能。政府具有阶级统治和社会管理两种基本职能，具体职能是政府的基本职能的具体体现。政府职能是一种社会历史现象，它随着社会历史的发展而改变和发展。

2. 政府失灵与政府干预经济的局限性

当市场机制出现解决不了的问题时，人们就往往想到了政府，想到了应该由政府出面解决这些问题，即发挥公共财政的功能。在这条思路里，实际上隐含着一个假设：政府是无所不知、无所不能的，并且政府是一心为人民的，从而只要政府出面，市场条件下无法解决的一切困难都可以迎刃而解。但是事实并非如此。

（1）政府绝非是无所不能的

政府面临着收集信息的困难，很多事情是它所不了解的，在收集到信息之后，又面临着处理信息的困难。在收集和处理信息后，政府所做的决策也不一定是正确的。

政府作出一个正确决策很不容易，而正确的决策，在贯彻执行的过程中又会产生各种问题导致政策的扭曲变形。

（2）抽象的政府是由具体的人组成的

当我们谈论政府行为的时候，往往谈论的是政府官员的行为。作为人，政府官员也有着自己的利益，当他们想要扩大自己利益的时候，他们可以比其他人更容易实现，因为他们总有着公众赋予他们的权力，这是组织管理方面的局限性。

（3）技术上的局限性

离开了市场，政府就难以了解消费者的偏好以及各种产品的生产可能性。这样，政府所作出的安排就脱离了消费者的愿望和要求，使得资源配置效率下降。

3. 市场经济与政府干预的权衡

市场只有在理想的完全竞争条件下才能实现效率，然而，现实中的市场并不符合理论上完全竞争的假定条件，即存在市场失灵，使得市场不能实现理论上所确立的最佳目标。公共产品、外部效应、垄断等较为明显地表现了市场失灵。承认市场存在失灵本身并不必然意味着有必要让政府进行干预，关键在于政府干预的代价是否能低于市场失灵所造成的损失，如果能以较小的代价去弥补一个较大的损失，那么政府的干预就是必要的，反之就是不必要的。

政府干预经济时由于存在信息不完全、组织管理、技术上的限制，存在政府失灵，承认政府失灵就意味着承认政府干预的局限性。由此，政府活动的核心领域是提供市场所不能提供的公共产品、具有明显外部效应的产品以及生产具有自然垄断倾向的产品。

因为在这些领域中市场失灵所造成的损失较为严重，而所涉及的范围又比较有限，用政府活动来代替市场不易产生过大的政府失灵。对于其他一般性产品的生产和消费，政府的介入应采取谨慎的态度，因为在这些领域中，市场失灵即使存在也不太明显，政府干预

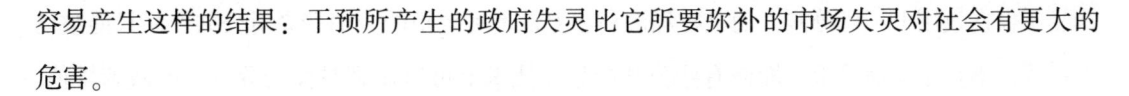

容易产生这样的结果：干预所产生的政府失灵比它所要弥补的市场失灵对社会有更大的危害。

三、公共财政的基本特征

（一）弥补市场失灵的财政

1. 外部效应

外部效应也称为外溢性，是指社会生活中某一经济主体（个人或厂商）的经济活动给其他经济主体（个人或厂商）的福利所带来的影响，并且这种影响并没有在市场交易过程中反映出来。外部效应有外部正效应和外部负效应之分。外部效应可以从两个方面进行考察：其一是外部效应的大小和强弱。如果某一经济主体的活动对其他经济主体带来的影响很大，则称为外部效应较大或较强；如果这种影响很小，则称为外部效应较小或较弱；如果这种影响小到可以略而不计的程度，我们也可以说没有外部效应。事实上，绝对没有外部效应的情况是不存在的。其二是外部效应的正负。如果某一经济主体的经济活动给其他经济主体带来的影响是好的，使其他经济主体获得了收益，则称为正的外部效应或称为外部经济；反之，如果某一经济主体的经济活动给其他经济主体带来的影响是不好的，使其受到了损失，则称为负的外部效应或外部不经济。例如，一条河流经若干县市，经常发生洪涝灾害，其中某一县市斥巨资对该河流进行整治，修建了一座水库，水大时存入水库，水小时用以灌溉，可以做到旱涝保收。从经济学的角度看，出资修水库的县市承担了该项活动的全部成本，但并没有得到全部的收益，此项活动带来的收益是分散和外溢的。这条河流经的所有县市都从中得到了好处，但它们并没有为这种收益付出代价，这是一种正的外部效应。又如，工厂利用锅炉为生产提供动力，但烧锅炉会产生空气污染，使该厂区方圆几十公里范围内的居民和其他厂商都呼吸非常恶劣的空气，从而影响到居民健康，出现利益的损失，但这种利益的损失得不到相应的补偿，这是一种负的外部效应。

2. 公共产品

公共产品是这样一些物品，每一个人对这种产品的消费，并不影响任何其他人也消费该产品。公共产品与私人产品的最大区别在于公共产品具有明显的非排他性和非竞争性。私人产品之所以可以由市场经济领域提供，就是由于在竞争性与排他性的作用下具有所有权的确定性和经济利益的可分性，私人产品可以被分割到每一位消费者身上。而公共产品由于具有非排他性，一个人对某公共产品的消费并不减少其他人同时对该公共产品的消费，因而公共产品不仅在效用上不可分割,而且在经济利益上是不可抗拒的,消费者对公共产品只能被动地接受而不是主动地寻求。即使有些公共产品在技术上可以做到具体的分割,即做到排他,可以阻止不付费的人进行消费,但在经济上这种分割阻止的代价极为高昂,即所谓的在经济上不可行。同时,公共产品也具有非竞争性,在一定范围内增加一名消费者其边际成本为零,也就是新增消费者并不减少原有消费者对该项公共产品的消费水平,使消费者不必通过竞争就可以获得该项公共产品的消费权利。

正是由于公共产品的非竞争性与非排他性,使得其市场定价遇到了很大的困难或者说是不可能的。市场经济本身在等价交换规律的约束下,从根本上排斥不按既定价格支付费用的消费者,而公共产品恰恰可以不支付费用而享受该产品的利益。每一个消费者都认为可以不支付费用而共同享受公共产品带来的利益,因而不会有任何市场主体具有主动提供公共产品的内在动力。同时,市场经济本身也很难排斥社会成员享用公共产品。市场作这种排斥的效率极为低下且代价极高,因为每增加一名消费者并不增加边际成本。公共产品具有的非竞争性和非排他性的特点使得市场如果为公共产品配置资源,其效率是极其低下的,这在客观上为政府介入市场经济活动提供了基础。在一般情况下,市场更适合私人产品的提供,而政府则应主要从事公共产品的提供。

作为市场失灵的两种表现,外部效应和公共产品之间具有一定的联系和共性。当某种产品存在极大的外部效应时,事实上也就转化成了共同性的消费。而公共产品正是这种共同性消费的集大成者。因此,凡公共产品都是外部效应较大的产品。当然,公共产品的提供是政府的一种有意识的主动的行为,而外部效应则是一种非主动的行为。从这一点上看,外部效应与公共产品还是有区别的。

3. 垄断

垄断即限制竞争,是指行为人排斥或者限制市场竞争的行为。垄断是市场失灵的一个十分重要的表现。竞争是市场经济的典型特征,在完全竞争的情况下,每一个市场都有为数众多的参与者即买方和卖方。而每一个买方和卖方都不可能具有控制市场和价格的能力。价格是在竞争的作用下通过市场供求关系最终形成的。众多的买方和卖方都是价格的接受者,而不可能成为价格的决定者。同时,在边际成本递增的作用下,形成了产品价格按边际成本定价的规则,在这种情况下市场具有较高的效率。

垄断的存在会破坏市场的竞争,这种垄断事实上包括自然垄断和政府垄断在内。从自然垄断来看,某些劳动生产率较高的企业中出现了产品平均成本随产量的增加而递减的现象,这表明该企业的产出达到了一个较高的水平,也表明一定范围内该产品由一个大企业集中生产经营会比由若干小企业分散生产经营更有效率,但是边际成本递减后把较小的企业从竞争中排斥出去，以致最终形成了自然垄断。在自然垄断的情况下，某种产品的生产厂商很少甚至只有1个，它不再是价格的接受者，而成为价格的制定者。在这种情况下，自然垄断企业完全可以出于利润最大化的动机，通过控制产量不断提高垄断价格，以期获取最大的垄断利润。这时，市场配置资源的效率会不断下降，并最终造成社会福利损失。这种自然垄断的局面在社会资本有机构成较高的领域中更容易出现。

从政府垄断来看，某些政府直接控制的部门如铁路、航空、城市供水供电、邮政、通信等部门，其产品和服务的价格是由政府制定的，并不具有市场定价的机制。这些部门的资本有机构成一般较高，一旦通过投资形成生产能力，在一定范围内增加单位产品和服务的提供并不需要增加过多的追加成本。再加上这些产品和服务具有很强的地域性，很难在全社会实现真正的流动，因而市场定价机制几乎难以真正地发生作用。无论这些政府垄断部门价格定得是高是低，都难以体现市场的效率。

4. 信息不充分

信息不充分包括信息不完全和信息不对称两个方面。信息不完全是指市场交易的双方不能掌握与交易相关的全部信息。信息不对称是指市场交易的双方所掌握的与交易相关的信息是不同的。信息不对称既包括交易双方掌握信息量的不同（不对称），也包括交易双方获取信息渠道的不同（不对称）。当交易双方中的一方由于各种因素的影响掌握的信息量大大多于另一方掌握的信息量时，就会出现信息的不对称。这时的市场将不是一个完全公开与公正的市场。在这种情况下，市场主体无法通过信息的获取了解市场的基本状况和其他市场主体的状况。具体而言，厂商无法准确了解市场需要什么样的商品以及需要多少，消费者也难以对市场所提供的商品作出准确的评估，也就难以决定自身所能接受的商品及服务的价格与数量。在信息不对称的情况下，交易一方，也就是信息优势方，即信息占有量较大的一方，就有可能运用各种途径利用自身的信息优势，损害交易另一方的利益，获取自身的更大利益，从而产生"逆向选择"和"败德行为"，造成整个市场对社会资源配置效率的降低。

5. 社会分配不公

前述各项市场失灵的表现基本上属于资源配置领域的市场失灵。资源配置领域的市场失灵可以看作市场失灵的主要表现，但市场失灵并不局限于资源配置领域，因为市场经济活动的领域本身就不局限于资源配置领域。收入分配不公本身则属于社会分配领域产生的市场失灵。

市场经济本身强调的是资源配置的效率，它要求通过市场机制实现社会资源配置的高效率。这种资源配置的高效率主要是通过市场机制特别是竞争机制实现的。市场的竞争主要是效率的竞争，市场机制本身并不能过多地考虑社会收入分配的公平性。应当说，通过竞争实现社会资源配置的高效率是建立在生产要素的分布和供给均等的基础之上的。但事实上，生产要素的分布与供给本身并不见得是均等的，有时甚至是很不均等的。这就使得完全市场竞争虽然能够提供竞争过程的公平，但不足以保证结果的公平。如果初始要素禀赋均等，即生产要素的分布与供给是均等的，每一位社会成员在财富的拥有及体力与智力等劳动技能方面不存在差异，那么在公平竞争过程公平的基础上，有可能实现结果的公平。但现实情况却是，劳动者拥有的财富以及劳动者体力与智力等劳动技能方面不可能没有差异。这种起点的不公平必然使得完全市场竞争即使能够保证过程的公平，也很难保证结果的公平。也就是说，在市场经济高效率配置社会资源的情况下，其收入分配却有可能是不公平的。

当市场经济无法解决社会收入分配不公问题，并且社会的收入分配不公问题超出了社会所公认的公平准则的要求时，便有可能带来一系列的社会问题，出现诸如贫困、财富的损失与浪费等社会问题，严重时甚至可能出现社会冲突，破坏社会稳定。社会分配不公导致的市场失灵也使得政府介入市场经济活动、调节社会收入分配、推行社会保障制度等有其必要性。

此外，诸如失业、通货膨胀、通货紧缩以及优效品的提供等也都是市场失灵的具体表现。

市场失灵决定了政府干预的必要，市场失灵的范围决定了政府干预的程度。这就是说，政府介入市场经济领域也必然有一个限度，只有当市场存在失灵时，才有政府干预的必要，否则就会出现政府失灵，因为市场配置资源的低效率并不能证明政府配置资源一定会取得高效率。也可以说，市场竞争的效率决定了政府介入市场经济领域的规模和范围。市场失灵的存在导致通过市场配置社会资源的效率出现了损失，而政府介入市场经济活动必须有规模和范围的限制。市场在自身各种规律的制约下，在资源配置中仍然可以表现出高效率的一面。

（二）提供公共产品和服务的财政

人们在社会中生存，不可避免地要接触很多经济现象和经济活动。这些经济现象或经济活动大体上可以归集到相对独立的两个领域当中。首先，人们在社会中生存与发展需要物质产品和各种服务的支持。生产与提供包括粮食、衣物、住宅、家电在内的各种物质产品，能够满足人们生存与发展的需要。这些物质产品和服务是通过市场经济领域生产与提供的。市场经济领域也称为私经济领域或竞争性领域，是人们所能接触到的广泛存在的经济活动领域。在市场经济条件下，市场经济领域的活动受价值规律、供求关系等多种经济规律的影响和制约。在这些经济规律的影响与制约下，市场经济领域可以高效率地配置社会资源，为社会成员的生存与发展提供物质产品和各种服务的支持。市场经济领域是满足人们生存与发展不可或缺的经济活动领域。但是我们必须看到，仅有市场经济领域的存在，并不能满足人们生存与发展的全部需要。无论是社会成员个体的生存与发展，还是整个社会的生存与发展，除了得到市场领域的支持之外，还必须得到另一个领域的支持，这个领域就是政府经济领域（也称为公经济领域或非竞争性领域），政府的经济活动同样为社会提供出某些社会物质产品和服务。政府领域是满足人们生存与发展的另一个不可或缺的社会经济活动领域。政府领域提供的产品和服务，最典型的是国防、行政管理、司法、公安以及社会保障等公共产品和服务。

在现实经济生活中，真正纯粹的公共产品并不多见，许多政府提供的产品事实上都属于混合产品。从辨别私人产品与公共产品的标准来看，混合产品可以分为两大类。一类混合产品是具有非竞争性但具有排他性的产品。这种产品不具有竞争性，在一定范围内每增加一个消费者，其边际成本并不增加，但是该种产品在技术上和经济上可以做到排他性，如社会公共设施、医疗卫生、教育、科研等。对这类混合产品，可以通过收费使其具有排他性，并且可以将不愿付款的人排除在收益之外。另一类混合产品是具有竞争性但不具有排他性的产品。这种混合产品在技术上无法做到排他性，或者虽然在技术上可以做到排他，但这种排他的成本过高而在经济上是不可行的。这类混合产品最典型的有公共草原、公共海域等公共资源。由于无法做到排他性，谁都可以享受该项混合产品带来的好处。因此，此类混合产品必须解决"搭便车"的问题，否则可能导致最终谁都无法享受到该项混合产品的收益。例如，一片公共草场作为混合产品无法做到排他性，谁都可以在草场上放牧，但如果大家都觉得这是无偿的收益，都到这片草场上放牧，无限度放牧的结果，则可能因羊群过多而导致草场的破坏和沙漠化，最终谁也无法享受该项混合产品的收益。

混合产品具有私人产品和公共产品的双重特征，因此，它既有可能由政府提供，也有可能由市场提供。混合产品到底应当由市场提供还是应当由政府提供，应根据不同的情况具体分析。

对于一般的混合产品诸如城市基础设施、医疗卫生、教育等，应当考虑政府提供和市场提供两种方式各自的净收益。比如，城市道路如果由政府提供，所用资金为税收，社会成员可以免费通行，这就是一种公共产品；如果由市场提供，所用资金为私人投资，社会成员必须付费才能通行，这就是一种私人产品。两种方式都可以提供道路，因此，应当对两种方式各自的成本费用与收益进行分析，最终确定净收益。如果政府提供的净收益大于私人提供的净收益，就应当由政府提供；如果市场提供的净收益大于政府提供的净收益，则应当由市场提供。当然，进行比较时还应注意混合产品外部效应的大小。如果通过市场提供混合产品，则必须注意在一般情况下市场仅仅考虑私人成本与收益，而不考虑这种产品可能为社会带来的外部效应。如果市场提供的混合产品具有正的外部效应，则可能出现供应不足的状况，如果市场提供的混合产品具有负的外部效应，则可能出现供应过多的状况，政府应当通过收费或补贴的方式加以矫正。

应当指出，混合产品虽然具有私人产品和公共产品的双重特征，但在一般情况下这种双重特征的表现也存在着差异。有些混合产品可能私人产品的特征明显一些，而有些混合产品则可能公共产品的特征明显一些；有些混合产品具有较强的外部效应，有些混合产品外部效应则较弱。在决定混合产品的提供时应当有针对性地考虑。比如，教育是一种混合产品，但教育可以分为义务教育和非义务教育，非义务教育又可以包括高等教育和职业教育，不同的教育具有明显不同的特点。义务教育的公共性表现得更强，外部效应也更大，更具有公共产品的特点；而非义务教育如高等教育和职业教育的私人产品特点更为突出，教育成本与教育收益之间的联系更为直接，外部效应相对较小。

由上述分析可知，政府经济领域和市场经济领域同时为社会提供物质产品和服务，而物质产品和服务的提供必然消耗社会资源，因而有限的社会资源必须同时分别配置在两个领域当中。两个领域利用自身不同的规则对社会资源进行利用后，分别提供不同的物质产品和服务，以满足社会成员不同的需要。正因为如此，我们必须分析和研究两个领域对资源利用的不同特点，研究两个领域提供物质产品和服务的不同的内在规律，揭示两个领域之间的相互关系，进而说明哪些物质产品和服务应当由市场经济活动提供，哪些物质产品和服务应当由政府经济活动提供。应当说，市场与政府的关系以及市场经济领域和政府经济领域各自提供物质产品和服务的不同内在规律和不同特点，是研究财政学的主要理论基础。财政学的研究对象其实就是政府经济活动的内在规律以及政府经济活动与市场经济活动的关系。

近几年来，国家财政越来越强调"公共财政"的特征。应当指出，"财政"这个词本身已经具有公共性的特征，这里的公共财政是作为一种财政运行模式提出来的，可以看作是与市场经济体制相适应的财政运行模式。市场经济体制下的财政主要是为社会提供公共产品满足社会公共需要的财政，是纠正和解决市场失灵的财政。构建公共财政，需要理顺政府与市场的关系，解决越位与缺位并存的问题；同时，建立符合公共财政要求的财政支出体系，以公共财政的职责为基础，以"公平优先，兼顾效率"为原则，以满足社会公共需要为目标。

在发展公共财政的同时，国家还强调"民生财政"在保障人民权益、改善人民生活方面的运用和转变。民生财政，就是以提供人民生活所必需的公共产品和公共服务为己任的财政。民生财政表现为在整个财政支出中，用于教育、医疗卫生、社保和就业、环保、公共安全等民生方面的支出占到相当高的比例，甚至处于主导地位。随着经济和社会的发展，民生问题的重点也在动态地发展。改革开放初期民生问题主要是解决城乡居民的温饱，而现在民生问题已经涵盖了收入分配、社会保障、就业、教育、医疗、住房等更高要求的内容，体现在财政加大对社会保障建设的补助、加大个人所得税的征缴力度以调节收入分配、加大对基础教育的投入以保障贫困人群的受教育权等方面。

第二节　公共财政的基本职能

一、私人产品、公共产品与政府资源再配置职能

（一）私人产品与自由市场经济

与个人日常生活中衣食住行直接相关的产品被称为私人产品，其在消费上具有两个最重要的特征：一是"竞争性消费"特征，二是"排他性消费"特征。"竞争性消费"，是指打算消费某种私人产品的个人必须支付既定的（不受单个消费者影响的）价格，或者他愿意按照现行市场价格进行支付以取得对该产品的所有权（消费权）。那么，无法或者不愿意按照现行市场价格进行支付的个人便被排斥在外，不得不放弃对该产品的消费要求。"排他性消费"，是指获得某种私人产品消费权的个人，便拥有了对该产品的唯一处置权（享受权），而其他人则不能再消费这一产品。

私人产品的"竞争性消费"和"排他性消费"特征，源于这类产品所体现的经济利益（效用）的可分割性和其所有权的确定性。私人产品经济利益的可分割性，使生产者（卖者）能够把其产品分割为若干单位同时出售给不同的消费者（买者）；也使生产者能够根据成本核算与市场供求状况对其产品定价，方便地进行成本回收并取得相应的利润。私人产品所有权的确定性，既保证了经济社会中任何人都不能无偿地获得这些产品，也迫使人们不得不在市场上以讨价还价的方式来显示偏好，成为市场经济中价格机制正常发挥资源配置作用的基础条件。鉴于私人产品的交易要严格按照"谁受益谁支付"的原则进

行，因此私人产品的生产、消费等日常经济活动，通常无须政府进行干预。也就是说，社会资源在私人经济部门内的合理配置，可以通过自由的市场经济过程予以实现。

关于自由的市场经济过程如何有效提供私人产品并满足私人消费需求，以及如何促进社会福利的普遍提高，普通经济学原理对此已经做了充分的说明。第一，自由市场经济制度下，个人自发地追求个人利益，即在任何约束条件下个人决策都能自发地遵循"成本最小化、利益最大化"原则。但这并不是坏事，个人从事经济活动目的在于使其生产物的价值最大化，个人只盘算他自己的利益，在这种场合，像在其他场合一样，他受着一只看不见的手的指导，去尽力达到一个并非他本意想要达到的目的。这并不因为是非出于本意，就对社会有害。追求自己的利益，往往使他能比他真正出于本意的情况下更有效地促进社会利益的实现。

第二，自由市场经济有效运行的基础条件是私有财产所有权的确定性（产权明晰化），而所有权的确定性保障了个人对其财产拥有唯一的占有权、使用权、处置权。在实行私人占有财产制度，且国家保护私人财产不受侵犯的市场经济条件下，财产所有者不仅能够精明地管理、经营个人的财产，而且也能够在别人的行为、活动影响到个人利益时，及时地作出必要的反应，从而有效地维护了社会财产（无数个人财产之总和）的完整性与增值性。

第三，市场经济通行自由竞争原则，而经济竞争本身提供了某种刺激，使个人为实现与自己"不相干的目标"作出贡献，即自愿地尽其努力为其所不了解的他人的需要作出贡献。市场通过竞争，不仅对个人行为进行社会性检验，而且也使不能接受的个人行为得到及时纠正。因此，在市场经济制度中，每个人都努力预测他的能力和资源的不同使用所可能产生的相对收益，并且他知道其能力与资源的使用越是与给其他人带来的相对效用相一致，他得到的相对收益也就越大。至少理论证明，市场经济条件下的有序化竞争从两个方面推动着人类社会经济福利的改善：通过竞争，个人（厂商）不断发现降低生产成本的方法，从而使经济社会能够持续地提高其资源的使用效率；通过竞争，个人（厂商）动态地适应消费者偏好的变化，从而使经济社会能够经常地获得其资源的再配置效率。

第四，由于市场对个人行为进行双重检验——个人的成就取决于个人的选择，也取决于他人的选择，因此个人所得到的报酬，肯定不取决于其目的的好与坏，而仅仅取决于其结果对他人的价值。这种报酬原则，即"按贡献计报酬"的原则有效地保护个人的劳动积极性和主动创新精神，推动社会生产力的不断发展。产权、竞争与该报酬原则的关系是：产权明晰化为有效竞争创造基础条件，而竞争成为实现个人利益最大化的手段；二者决定了市场经济条件下的物质分配原则只能是按照贡献分配，而只有按照贡献分配，才能使产权明晰化得以充分体现，经济竞争才有实际意义。

第五，由于自由市场经济制度使人们自发地、自愿地、广泛地进行互利的产品（劳务）交易，于是政府不必为此种交易实行细致监督和管理。所以，市场经济条件下，政府的职责仅是制定"游戏规则"而已，即在一般情况下，政府不能、也没有必要具体地向其公民分配任务，只要通过法规形式告诉人们什么是他们的责任范围就足够了。换言之，政府在经济过程中的权力，仅限于使其国民普遍地知道并接受这样的一种认识——个人可以做，或者不可以做的事情，希望别人去做，或者希望别人不去做的事情，不取决于个人活动的结果，而取决于一种一开始便已经为大多数人所遵守的市场活动规则。

逻辑上讲，在上述市场经济条件下，私人产品消费者与供给者可以达到均衡状态，即单位货币在消费领域购买任何产品都可以得到相同的边际效用，而单位货币在生产领域购买任何资源进行生产，也都可以得到相同的边际收益。这种均衡状态大体上反映了社会资源的最优配置，即最有效利用。

（二）公共产品、市场失灵与政府提供

然而，在现实经济生活中，人们不但需要众多的能够满足衣食住行要求的私人产品，而且还需要能够满足诸如集体安全、社会公正、保持合理经济秩序等要求的公共产品。人们对公共产品的需求是一种客观存在，只是对公共产品的需求范围和需求程度随社会经济的发展而有所变化。一般情况下，用于满足公共需求的公共产品（劳务）涉及以下各类：①最基本、也是最典型的公共产品（劳务），如国防、公安、外交、司法，以及维持政治经济生活秩序所不可缺少的各种公共行政管理。②用于保障社会生活、社会再生产正常进行，兼有调节经济社会总供求关系的公共产品（劳务），如基础设施、公共工程，以及部分投资风险巨大的基础产业、战略产业的发展。③有助于改善人口素质，提高国内人力资本存量，以及增加社会福利的公共产品（劳务），如教育、基础科学研究、卫生保健事业、社会保障等。④适合于政府实行垄断经营、管理的经济部门，如电力、通信、供水行业等，以及只有政府参与才能有效完成的涉及公共福利改善的事业，如社区发展、环境改造、生态保护等。

不难看出，上述各类公共产品（劳务）产生的利益具有社会成员共享性，即具有技术上不可分割性的特征，对公共产品的使用，只能是集体消费、集体受益。于是，公共产品在消费上便呈现出与私人产品完全不同的两种特征：一是"非竞争性消费"特征，二是"非排他性消费"特征。"非竞争性消费"，是指社会成员在消费公共产品时，可以不像其消费私人产品那样必须支付既定的价格，即对公共产品消费利益的取得与个人是否出钱

（支付其价格）没有关系。"非排他性消费"，是指任何社会成员对某种公共产品的消费，并不妨碍其他社会成员同时消费此公共产品，即在公共产品消费上没有任何社会成员因具有对该产品的所有权而获得唯一享受权。不言而喻，和对私人产品消费不会产生外在利益的情况相比，公共产品的消费则对所有人产生外在利益（外部性）。在这方面，最简单的例子，就是港口导航的灯塔或城市的街道照明。对于任何一艘过往的船只（或任何一位过往的行人）来说，对灯光（路灯）的利用程度，既与其货币支付与否无关，也与其（在政府通过税收形式进行强行征收情况下）支付多少无关，并且在其享受灯光效用的同时，也不减少他人的效用。

由于公共产品在消费过程中对所有人产生外在利益，私人消费者就不会主动购买这种消费利益无法充分内在化的产品。既然无人购买，生产者也就不会生产这种产品，因其无法回收产品成本，更不要指望得到利润。也可以这样认为，凡是在消费过程中发生外部性的产品，通常是所有权实际上不能确定的产品，如公共产品；而在所有权不能确定的情况下，对公共产品的消费就不能有效地排除人们的"搭便车"行为——不付等价而取得消费利益的行为。公共经济领域中严重"外部性"的产生和随后出现的"搭便车"行为，是市场失灵的重要表现：市场经济本身不能有效地动员足够的经济资源配置到公共消费领域，导致用于公共消费的产品供给不足，或者经常处于短缺状态；进而导致大量的社会经济活动难以正常地进行下去，最终会给社会经济秩序造成混乱。

鉴于这一简单事实，即经济社会正常运行须以私人产品（劳务）与公共产品（劳务）形成合理比例为条件，而市场经济又不能自动地满足这一条件，经济社会就要借助公共部门——政府及其行政管理部门，利用公共财政方式提供必要的公共产品（劳务）以满足社会成员的公共需要。通过公共财政提供公共产品（劳务）来满足社会成员对公共消费的需求，通常要经过财政收入和财政支出两个过程来予以完成。首先，经济社会赋予政府强制性地向其成员课税的权力，政府利用税收把特定数量的经济资源从私人那里转移到政府名下，形成政府的（以实物形态或以货币形态表示的）财政资源，即财政收入。然后，政府再经过财政支出过程，以特定方式把这些财政资源（财政收入）具体转化为特定的公共产品（劳务），并提供给全体社会成员使用。通过税收占有私人生产的剩余产品，再按照一定的支出原则把此剩余产品转化为公共产品，这一过程中，公共财政实际上履行了资源再配置职能。

这里，应该注意的是，通过公共财政提供公共产品并不等于政府要亲自生产这些产品（劳务）。实际上，大多数情况下，政府是通过预算，以对私人或者私人厂商进行产品、劳务采购方式，来完成向经济社会提供必要公共产品（劳务）的任务。例如，政府可以聘用各种专业人才,作为政府官员、公务人员,向公众提供诸如公共安全、司法行政、外交内务等公共服务,或者委托私人、私人团体向社会提供某些特殊的公共劳务,如教育、卫生保健等。政府也可以向私人厂商下达产品订单,要求它们生产特定规格的产品,作为公共产品(如交通工具、通信设备等)供公众消费。政府还可以通过合同方式,让私人或私人厂商承包公共工程、公共设施的建设项目。事实上,通过预算支出—私人生产—公众消费的路径,政府可以在任何程度上满足不断增长、不断变化的公共需求。

同样,应该注意的是,在某些情况下,政府可能必须通过经营国有企业的方式来满足公共需求,如直接经营、管理能源、供电、供水企业,管理银行、保险公司、重要的进出口部门,以及公共宣传、大众媒体等。政府主持以满足公共需求为重要目的的上述公共经济活动,往往是出于经济合理性方面的考虑,或是为了更好地解决某些社会问题。例如,供电、供水、供气等行业通常具有成本递减性质,即在其尚未达到超负荷运转时,增加额外消费者的边际成本为零。如果这些行业完全由私人厂商经营,而这些厂商按照边际收入等于边际成本定价,就能够在相对较低产出水平上向消费者收取正的非零价格。其结果是,这些厂商的利润增加了,但消费者利益相应受到侵害。另外,较高的利润会吸引更多的资源流入这些行业,导致该行业中任何一个企业都不能做到生产设备的充分有效利用,使社会资源处于非优化配置状态。这些行业如果改为政府经营,不仅可以避免经济资源在这些行业中的低效率使用,而且可以使其产品保持低价格,相应增加消费者福利。不过,不能因此而把政府经营管理的国有企业生产的所有产品都视为公共产品。因为一些国家,特别是社会主义国家,政府往往代表全体国民占有经济社会的大部分生产资料,通过建立国有企业直接参与经济社会的大部分物质生产活动,并且这些(政府经营管理的)国有企业实际生产的大部分不是公共产品,而是私人产品。在市场经济条件下,政府经营管理国有企业并向经济社会提供私人产品,不能被视为典型的政府财政活动。有关实践表明,政府广泛地参与经济社会的物质生产活动,不仅容易扭曲市场经济运行机制,而且由于种种原因,在大多数情况下,不能使社会资源达到优化配置状态。因此,严格意义上的公共财政活动,只能是在不扭曲市场经济运行机制的前提下来履行其资源再配置职能。

二、公共财政的收入再分配职能

(一)市场经济条件下的收入决定与收入分配

在市场经济中,生产资料所有权的分配和个人向社会提供产品与劳务时所得到的报酬,决定了个人所拥有的生产性资源(包括实物资源和人力资源)的规模与性质,而后者直接影响着经济社会的个人收入分配状况。然而，进一步分析说明，在机会均等条件下，个人生产性资源的动态变化，通常决定于偶然性、个人选择与社会选择这三个重要因素。

在偶然性方面，主要包括：个人的遗传状况，它客观上决定了个人的体力与智力的性质；个人从前辈那里继承的资源状况，它在一定程度上决定了个人经济竞争的能力；个人所处的文化环境，它在相当的程度上决定了发展个人体力与智力的机会；此外，其他使人突然变富或变穷的偶然事件，如投机得手使人一夜暴富，而股价暴跌又会使人顷刻陷入困境。

在个人选择方面，主要包括：学习勤奋与否，决定了个人未来的就业选择能力和就业选择范围；工作努力与否，直接决定了个人的收入水平和收入增长速度；生活简朴与否，决定了个人及其家庭收入的使用状况和结果——消费的数量与可能的积蓄。

在社会选择方面，社会其他成员的偏好，即市场需求状况，即个人所提供的产品与劳务是否可以满足他人的需要，在怎样程度上满足他人的需要，对个人、家庭收入性质和数量产生了重要的影响。

上述这些因素，客观上造成了人们在市场经济中就业机会、择业能力上的差别，进而导致个人之间在劳动收入、财产收入分配上的差异。特别是对于那些先前没有积累，没有遗产的穷人、失业人员，丧失劳动能力的老年人、残疾人来说，他们通常在没有社会帮助的情况下几乎无法取得维持基本生活开销的收入，也无法维持一种符合人的尊严的体面生活。

社会收入分配上的巨大差异如果长期得不到改善，往往会造成一些严重的经济问题与社会问题。首先，社会成员收入与财产分配长期处于不合理状态，对国民经济发展不利。这是因为大量的低收入者通常无法提高对自身的教育投入，进而无法通过个人的努力来提高个人的劳动素质，改善就业机会，该社会也就不可能有效地提高其整体的劳动生产率和它的国际经济竞争力。其次，尽管是市场经济本身导致的社会收入与财产分配不合理，但是这种状况持续发展下去就会使社会生活发生变化，它本身既破坏着经济稳定发展的过程，也威胁着现行社会制度的存在。正是出于防止社会矛盾激化和稳定经济发展的考虑，经济社会就要求政府借助其财政活动的分配功能，对市场经济运行自发形成的收入分配，在社会成员之间进行一定的调整，以减轻社会成员之间收入分配不公的程度。

（二）关于社会收入不平等程度的测定

如何测定不同国家，或同一国家不同阶段的社会收入不平等程度，以及如何判断政府为履行其收入分配职能而推行的社会收入再分配政策的基本效果，主要方法是描绘洛伦茨曲线（Lorenz Curve）和计算基尼系数（Gini Coefficient）。

洛伦茨曲线是美国统计学家马克斯·奥托·洛伦茨（Max Otto Lorenz）于1905年提出的，用于比较、分析一个国家不同时期，或者同一时期不同国家的收入、财富分配状况的统计方法。该统计方法通过比较两类比例，即收入单位的累积比例和这些单位获得收入的累积比例，说明特定时期一个国家，或一个地区的社会收入分配、社会财富分配的平等化程度（或不平等化程度）。绘制洛伦茨曲线以反映收入分配状况的一般办法是：首先，在坐标图的横轴，按家庭收入水平的高低把全国家庭划分为5组，即最低收入的20%家庭、次低收入的20%家庭、中等收入的20%家庭、高收入的20%家庭和最高收入的20%家庭；然后，在坐标图的纵轴，累计标示各类家庭合计收入占全国总收入的百分比，据此绘制出的曲线即为洛伦茨曲线。如果每个家庭组别的合计收入均占全国总收入的20%，则据此绘制的洛伦茨曲线恰好与横轴、纵轴之间的45度线（45°线）重叠，由于该线上各点达到横轴与纵轴的距离均相等，表明该国该时期社会收入分配状况绝对平等。如果实际绘制的洛伦茨曲线偏离这一45°线，人们通常可以根据偏离程度，大致地判断各种收入分配状况的平等（不平等）程度。一般规则是，绘制的洛伦茨曲线越是偏离45°线，收入分配状况的平等程度越低（或不平等程度越高）；反之，绘制的洛伦茨曲线越是接近45°线，收入分配状况的平等程度越高（或不平等程度越低）。

意大利经济学家科拉多·基尼（Corrado Gini）长期致力于国民收入分配、社会财富分配的理论研究与应用研究。他在20世纪初提出了一种用于对不同国家，或同一国家不同阶段的社会收入、财富分配平等（不平等）程度，以及对政府推行的社会收入再分配政策之基本效果进行量度的方法，被称为"基尼系数"。利用"基尼系数"测度社会收入、财富分配平等（不平等）程度的最简单的其方法是：先计算洛伦茨曲线与45°线围成的图形面积，设定为A面积；然后，计算洛伦茨曲线与两条直角边围成图形面积，设定为B面积。"基尼系数"即为A/（A+B）的值。如果洛伦茨曲线与45°线重合，即A面积为零，则基尼系数为0，表示社会收入分配状况达到了绝对平等化状态；而如果洛伦茨曲线与两条直角边重合，即B面积为零，则基尼系数为1，表示社会收入分配状况处于绝对不平等状态——最高收入的唯一家庭占有了全部的国民收入。

不过，这两种极端情况一般不会出现，所以各国反映社会收入分配状况的基尼系数通常是在0~1之间变动：基尼系数越接近于0，表示该国社会收入分配状况越趋于平等化，而基尼系数越接近于1，表示该国社会收入分配状况越趋于不平等。国际上，一般以0.36为临界点，如果一国的基尼系数维持在0.36以下，表示该国国民收入分配状态比较合理；而如果一国的基尼系数超过0.36，则表示该国国民收入分配状态趋于恶化，不平等程度加深,政府需要采取适当政策予以纠正。

总之,描绘洛伦茨曲线和计算基尼系数,既可以作为政府制定社会收入调节政策的辅助参考依据,也可以用来分析政府所推行的社会收入调节政策的基本效果。

(三) 社会福利函数与政府收入再分配政策

不同社会收入分配状态,作为一般社会状态的集中表现,既对社会成员间的经济福利分配产生不同的影响,也对社会福利总量产生不同影响;因此,政府通过经济政策调整社会收入分配状态,或许可以实现改善国民福利分配格局、提高国民福利总体水平的目标。如果将不同的社会状态与社会福利联系起来,就会形成一种函数关系,即所谓的"社会福利函数"(Social Welfare Function,SWF)。"社会福利函数"的概念比较复杂,也十分地抽象。对于一般读者而言,可以把"社会福利函数"简单地理解为各消费者个人效用函数的函数。理论上,政府在制定包括收入分配在内的公共政策时,往往以特定的社会福利函数为依据。换言之,政府公共政策的具体取向,往往取决于政府决策时观念上接受的特定的"社会福利函数"。就收入分配问题而言,至少有两种"社会福利函数"影响了政府相关政策的选择。

由于功利主义的社会福利函数是加式福利函数,对社会收入平等化问题没有严格要求,因此,在古典功利主义的社会收入分配状态下,随着国民收入的增长,即使某些社会成员的实际收入下降,社会总福利也可以提高。因此,政府有可能认为,"提高国民收入总是国家根本利益之所在";那么,较高的社会无差异曲线所代表的社会状态自然比较低的社会无差异曲线所代表的社会状态更为可取。如果这种观念一旦成为政府经济政策的基本取向,社会收入分配平等化问题就会在相当程度上被忽视。

与功利主义的社会福利函数,即与"加式社会福利函数"不同,贝尔努力—纳什社会福利函数采取的是联乘法,亦称为"乘式社会福利函数"。

加式社会福利函数与乘式社会福利函数的差异,在于后者突出了社会福利函数加总规则的平等性质。在加式函数中,社会成员间收入分配方面存在巨大差异并不会影响社会福利总量;在乘式函数中,社会成员间收入分配状况越是趋于平等化,社会福利总量就越大;而一旦达到绝对平等化程度,则社会福利总量达到最大。例如,单位货币的个人效用评价为20,社会共有收入10元,两个社会成员平均分配,每个人得到5元,效用均为100,在加式函数情况下,社会福利总量为200,在乘式函数情况下,社会福利总量为10000。假设,让某一社会成员得7元,另一位得3元,在加式函数情况下,社会福利总和仍为200(20×7+20×3);但在乘式函数情况下,社会福利总和会低于10000,为140×60=8400。

另外,在加式福利函数情况下,社会收入分配允许在个人效用方面出现负数或零,即使出现负数或零，社会福利总和也可以保持为正值。但是，在乘式福利函数情况下，社会收入分配不允许在个人效用方面出现负数或零，因为一旦出现负数或零，社会福利总和也就变成负值或零。

乘式福利函数表明，"社会收入分配状况越平等，社会福利总和就越大"。如果政府以此作为其制定收入分配政策的指导依据，则必然优先考虑如何解决社会收入分配平等化问题，而不是如功利主义社会福利函数所表现的那样，优先考虑收入增长问题。

以上分析表明：①在对不同社会收入分配状态进行优劣排序时，人们就其排序标准的讨论，总是围绕着效率与公平关系展开的。实践说明，只要经济社会能够在社会收入增长与社会收入分配之间找到某种平衡，或能够及时调整它们之间的关系，大部分社会、经济问题都是容易解决的。②一国涉及收入分配的财政政策，其目标选择——无论是强调效率优先，还是强调平等优先——没有固定的标准，取决于该国的社会收入状态与一般国民福利的关系性质，后者取决于多种因素，如基本国情、经济发展水平、国民传统等。③政府在评估社会收入分配状态之优劣标准上，确立一些基本原则（如效率原则、平等原则、基本权利分配原则等等）是必要的，但是这些原则的确立，必须经过一个有效的、由广大社会成员参与的社会偏好显示过程，即现代公共财政理论所强调的各种财政政策形成的公共过程。

（四）公共财政履行收入再分配职能的主要方式方法

在公共财政框架下，政府通常采取以下一些方法来履行其收入再分配职能，对国民收入分配格局的改变施加必要影响，以实现各种政策目标。

目前，大多数国家一般是采取了累进制所得税与政府转移支付相结合的方式，把高收入社会成员的部分收入转移给低收入社会成员使用，达到直接改变社会收入分配格局的目的。这种做法在相当程度上抵消了市场经济本身带来的社会收入分配不均的消极影响，往往成为政府调节社会收入分配的最基本办法。

政府还可以采取对特定收入来源的纳税人予以纳税优惠，或者对不同类型的企业实行差异税收政策等方法，间接地影响社会收入分配并达到调节社会收入分配状态的目的。政府通过财政支出方式，也可以对社会收入分配发挥调节作用。例如，各国政府普遍对农产品实行价格支持政策，主要目的是减轻农产品市场价格波动给从事农业生产活动的社会成员的劳动收入造成的不良影响。又如，政府扩大财政支出、增加市场采购，就会引起某些产品的需求扩大，进而扩大某些企业的生产与收入规模，同时也增加了这些企业工人的劳动收入。再如，政府增加公共福利开支，尤其是持续扩大公共教育、公共医疗卫生的开支,同时积极推行以失业补贴、医疗保险、伤残保险、养老保险为主要内容的社会保障政策,既可以有力地改善低收入者的生活环境,提高他们的就业选择能力与收入创造能力,也有利于维持社会经济生活长期稳定的局面。

所有这些财政税收措施,本质上都是通过纳税负担或产品价格的改变来间接影响收入分配,这些措施明显矫正了社会收入在个人之间分配上的不公平,同时也对某些经济活动和生产部门给予了相当的支持。

尽管政府主持的国民收入再分配有许多积极作用,但是某些经济学家认为,政府的社会收入再分配政策在减少社会成员之间收入、财产分配上的不平等程度的同时,也带来了社会经济的效率损失问题。其理论根据是:个人收入与财产分配上出现的差异是市场经济机制自发作用的结果,是经济社会对个人劳动效率的客观评价。人为地改变社会收入分配状况,不仅会促使低效率或无效率的社会成员坐待政府救济而不积极努力工作,而且也会挫伤高效率社会成员的工作热情,降低他们的劳动欲望,结果造成整个社会的经济效率下降。这种经济效率下降带来的福利损失,最终成为社会为换取收入平等而支付的一种高昂代价。由此,他们得出平等与效率不能兼得,或平等与效率交替换位的结论。

不过,上述观点也有一定的片面性。政府推行的有关社会收入调节政策,如对于低收入者进行的转移支付、税收优惠等等,其积极作用在于可以明显地改善占社会成员大多数的中、低收入者的生存与生活环境,提高他们的就业选择能力与劳动素质,从而有助于推动社会整体经济效率的普遍提高。即使退一步讲,只要这种收入调节政策使发生在低收入者方面的经济效率改善程度,大于由此发生在高收入者方面的经济效率损失程度,就可以认为经济社会同时获得了收入平等程度与经济效率双重提高的好处。

然而,源于政府履行收入分配职能所引发的公平与效率问题,提醒政府在采取有关财政活动过程中,必须注意对社会公平与经济效率进行必要的权衡。最理想的结果是,政府所使用的旨在实现社会收入公平分配的各种手段,尽可能地不损害经济效率。

三、公共财政的经济稳定职能

(一) 商业周期与政府干预

市场经济条件下,各类经济活动(消费、储蓄、投资、生产等)及其决策都是成千上万社会成员分散进行的。这就不能保证宏观经济各总量水平总会处于大体均衡状态,即经济社会的总需求未必一定总会与经济社会的总供给相吻合。而经常发生的情况是:一些时候经济社会总需求上升以至超过充分就业条件下的实际生产能力,另外一些时候总需求下降以至大幅度低于充分就业条件下的生产能力。于是，在经济生活中出现所谓的商业循环运动。市场经济固有的商业循环运动破坏了其稳定运行的基本条件，间断了经济增长过程。虽然市场经济体系自身有矫正商业循环的机制，但是，其自身矫正时间过长，或者矫枉过正，往往会引起社会关系的紧张并给经济生活带来不良的连锁反应。例如，长期就业不足导致经济衰退，经济衰退减少国民的收入，减少了对产品与劳务的有效需求；经济社会有效需求的下降，不仅造成厂商生产停滞、存货积压，而且殃及厂商的利润增长；由于利润既是投资增加的刺激因素，又是投资增加的重要来源，利润下降必然压抑投资者的投资热情和企业家的创新精神，进而导致市场竞争、市场交易萎靡不振；长此以往，经济社会就会发生市场心理不健康，即普遍发生信任心下降问题。经济衰退、收入减少、利润下降、投资萎缩，加之长期难以恢复的经济信心，新一轮经济增长过程便迟迟不能启动，经济社会也就难以短期内打破经济衰退的恶性循环。当然，如果经济社会的总需求过旺，动辄会引发通货膨胀，虽然轻微的通货膨胀可能有利于商业繁荣，刺激就业，但是严重的通货膨胀则起到相反作用，同样产生使市场经济长期不能正常运行的恶性循环。

那么，如何能够使经济社会在较长时期内大体处于"高就业、低通胀"的准繁荣状态，较为可行的方法就是减少商业周期波动的频率，缩小商业周期波动的幅度。理论上讲，只要对市场体系加入一个逆商业周期变动的外部力量，上述宏观经济目标应该是能够实现的。于是，现代公共财政，作为这一外部力量的发动机，责无旁贷地承担了逆商业周期而动的市场干预任务。

（二）政府调节宏观经济运行的基本原理与主要手段

现代公共财政履行经济稳定职能是通过政府实行积极的财政活动进行的。按照凯恩斯的宏观经济理论，经济社会的总需求变动，是宏观经济不稳定的一个主要原因，为此，依据市场经济发展变化趋势，及时地、逆向地调节包括政府财政支出在内的经济社会的总需求，自然有助于使国民经济尽快从供求失衡状态转为供求均衡状态，并实现国民经济的稳定运行。

具体而言，政府根据国民经济变化趋势，逆向变化其现行的开支政策和税收政策，就能够改变国民经济的运行方向，减轻商业周期的波动，使国民经济沿着理想路径发展，最后实现低通胀的充分就业状态。例如，在经济衰退情况下，政府增加公共采购、加大转移支付，或者（同时）降低税率，就能够带动、刺激经济社会总需求的提高，抑制经济衰退趋势；而在经济过热情况下，政府削减公共采购、转移支付，或者（同时）提高税率，就能够减少总需求，抑制经济社会总需求的过快增长，防止通货膨胀的发生。

为了加大政府双向调节经济社会总需求的力度，现代政府一般不再恪守"财政预算年度收支平衡"这一传统理财原则，而是代之以"财政预算周期平衡"原则。虽然周期性平衡政府预算是可能的，但是从各国长期实践情况来看，政府财政赤字大多呈周期性上升态势，以致在许多国家出现财政赤字多年居高不下的现象。因此，公共财政在履行其经济稳定职能而允许政府采取上述财政活动时，还须要求政府对财政赤字管理予以高度重视，即须把财政赤字经常地控制在合理的范围内。

（三）经济稳定过程中的目标协调问题

在开放的市场经济条件下，公共财政履行其经济稳定职能所要达到的宏观经济目标主要有四个：物价稳定、充分就业、经济增长与国际收支平衡。不过，经验表明，这些目标之间存在着某种交替换位关系。因此，在对宏观经济进行调控的过程中，政府的财政活动要在各个方面同时取得令人满意的效果，尽管不是不可能的，但的确是非常困难的。

理论上讲，经济社会能够达到无通货膨胀的充分就业状态，可是描述劳动就业与物价总水平变动之间存在某种稳定关系的菲利普斯曲线（Phillips Curve）却说明，失业率下降（或就业率提高）到一定程度后，就会导致物价（工资变化的函数）上涨，即发生通货膨胀。另外，一些经济学家还证明，在通货膨胀预期作用下，长期的菲利普斯曲线比短期的菲利普斯曲线更陡直，甚至会变成一条垂直线，即经济社会进入"自然失业"状态。此后，无论政府采取怎样的扩张性财政政策，就业率不再发生变化，而通货膨胀率无限上升。据此，经济学家对政府旨在稳定宏观经济的财政活动，提出了明确的政策建议：①大幅度降低失业率通常要以物价上涨为代价，而维持一种经济社会可以接受的较低失业率（如4%左右）也有助于维持物价稳定。②政府主动推行通货膨胀政策短期内可以促进劳动就业，但作为长期政策不仅无效，而且可能会导致形成"滞胀"。③政府提高劳动就业的长期政策，只能是控制人口增长和保持经济增长。

虽然任何情况下，劳动就业增加肯定会促进经济增长，但是，经济增长对增加抑或减少劳动就业却没有必然影响。一般来说，由增加劳动就业带动的总需求扩大，或是使经济社会现有的生产能力得到更为充分的利用，这属于非严格意义上的经济增长；或是促进经济社会增加资本投资，提高现有生产能力，这属于严格意义上的经济增长。事实上，只有严格意义上的经济增长，才能持续提高劳动就业，而且同时不会造成产品价格的上涨，有助于经济社会进入无通货膨胀的充分就业状态。不过，也应该看到，即使是严格意义上的经济增长，其具体增长方式不同，对劳动就业的影响也不同。例如，和投资于资本密集型产业、技术密集型产业相比，投资于劳动密集型产业实际上能够更有效地刺激劳动就业。

再如，无论投资于何种类型的产业，只要注意开拓海外市场，都会对劳动就业产生积极的影响。因此，对于政府来说，公共财政履行其经济稳定职能，不能仅仅强调调节经济社会的总需求而置总供给问题于不顾。尽管宏观经济不稳定，持续的经济增长难以形成，但是没有严格意义上的经济增长，宏观经济稳定也只是暂时的。

在开放经济条件下，对外贸易与国际收支平衡问题在诸多方面影响宏观经济稳定。在固定汇率条件下，如果本国通货膨胀率高于外国通货膨胀率，本国产品在国际市场上的竞争力便大为削弱，出口变得愈加困难，进而增加国内的就业压力。而在浮动汇率条件下，即使可以通过本币贬值方法抵消国内通货膨胀对出口产生的不利影响，但是这种做很可能迫使贸易伙伴国相继进行竞争性贬值，引发贸易战，同时诱发外汇投机活动。其结果也使出口变得困难或无利可图，同样增加国内的就业压力。国际收支平衡问题除了影响国内就业外，也对国内经济增长产生影响。例如，在其他条件不变的情况下，降低利率刺激国内投资的效果，可能为低利率诱发的资本外流所抵消，一方面增加了国际收支逆差，另一方面造成经济增长乏力；虽然提高利率有助于引诱外部资本流入，加强国际收支，但是高利率可能会在相当程度上抑制国内投资并延缓经济增长过程，至少短期内如此。所有这些说明，开放的市场经济给公共财政履行经济稳定职能带来了更多的挑战，此时宏观经济的稳定，必然意味着经济社会同时处于内部均衡与外部均衡状态。

从以上分析不难看出，物价稳定、充分就业、经济增长、国际收支平衡，作为宏观经济稳定的各个具体目标，它们之间存在着一种相互制约、相互促进的关系。由于在某些情况下，市场经济机制不能使之处于自然协调状态，政府进行积极的市场干预就是必要的。

第三章 财政收入与财政支出

第一节 财政收入

一、财政收入内涵与分类

(一) 财政收入的内涵

财政收入是政府为履行公共职能，满足公共支出的需要，依据一定的权力原则，通过国家财政集中的一定数量的国民收入。它通常有两个含义：其一，财政收入是一定量的公共性质货币资金，即财政通过一定筹资形式和渠道集中起来的由国家集中掌握使用的货币资金，是国家占有的以货币表现的一定量的社会产品价值，主要是剩余产品价值。其二，财政收入又是一个过程，即组织收入、筹集资金阶段，是财政分配活动的第一阶段。财政收入既是政府理财的重要环节，也是政府进行宏观调控的重要手段之一，它为公共产品的生产提供了重要的经济基础。

财政收入具有重要的意义。首先，财政收入是财政支出的前提。财政分配是收入与支出的统一过程，财政支出是财政收入的目的，财政收入则是财政支出的前提和保证。在一般情况下，收入的数量决定财政支出的规模，收入多才能支出多。因此，只有在发展经济的基础上，积极筹集资金，才能为更多的财政支出创造前提。其次，财政收入是实现国家职能的财力保证。国家为了实现其职能，必须掌握一定数量的社会产品，财政收入正是筹集国家资金的重要手段，对实现国家职能有重要的意义。最后，财政收入是正确处理各方面物质利益关系的重要方式。财政收入的取得不仅仅是聚集资金的问题，在具体操作过程中，取得多少、采取何种方式，关系政府方针政策的贯彻落实，涉及各方面的物质利益关系的处理。只有在组织财政收入的过程中正确处理各种物质利益关系，才能充分调动各方面的积极性，达到优化资源配置，协调分配关系的目的。

(二) 财政收入的分类

1. 财政收入分类的理论变迁

为了更好地分析财政收入的内容,财政学者历来都非常重视对财政收入进行分类。16世纪法国的波丹将财政收入分为七类:公有土地收入、掠夺财物收入、赠与收入、征服地贡纳、公共贸易收入以及关税及税收。16世纪至18世纪的德国官房学派将财政收入分为三类:公共财产、君主特权收入和税收收入。亚当·斯密将财政收入分为两类:来自君主私产收入和来自人民财产收入,其中来自人民财产收入是指税收收入。亚当斯将财政收入分为三类:直接收入——政府来自公共财产与公共企事业的收入、派生收入——政府凭借政治权力和行政权力获取的收入(税收与罚金)、预期收入——募集公债和发行国库券的收入。道尔顿将财政收入分为五类:市场价格收入、公共定价收入、规费收入、特别课征和税收收入。

2. 按收入形式分类

财政收入形式,是指国家取得财政收入的具体方式。不同时期,财政收入的形式是有差异的。如在自然经济条件下,政府通过征收实物或劳务而取得财政收入我国古代社会的"粟米之征""布帛之征""徭役之征"等都是财政收入的具体形式。在现代公共财政中,财政收入的形式主要有税收收入、国有资产收益、债务收入、收费收入和其他收入等。

(1) 税收的收入

税收是国家为了实现其职能,凭借政治权力,依照法律规定标准取得财政收入的一种比较固定的形式。它具有强制性、无偿性、固定性的基本特征,不受生产资料所有权归属的限制,因此是国家取得财政收入的一种最可靠的基本形式。同时,税收在取得财政收入的过程中,还能起到调节经济运行、资源配置和收入分配的重要作用。税收收入是现代国家最为重要的财政收入之一。

(2) 国有资产收益

国有资产收益是国家凭借国有资产所有权所应获取的经营利润、租金、股息(红利)等收入的总称。在现代企业制度下,企业是独立于投资者享有民事权利、承担民事责任的经济实体,具有法人资格。企业中的国有资产属于国家,企业则拥有包括国家在内的出资者投资形成的全部法人财产权。其中,所有权是指财产所有者对财产依法享有的占有、使用、收益和处分的权利;企业法人财产权是指由所有者委托或授权,企业依法对营运的财产形式的占有、使用、收益和处分的权利。在所有权和财产权分离的条件下,财政分配主体与企业分配主体也由过去的合二为一变为相对分离,以政府为主体的财政分配中不再包含以企业法人为主体的财务分配,财政不再统负企业盈亏。这样,财政与企业的分配关系,除了对各类企业的税收关系外,对国有企业或拥有国有股份的企业还有一层规范的资产收益分配关系,即国家以国有资产所有者身份采用上缴利润、国家股分红等形式,凭借所有权分享资产收益,然后通过国有资产经营预算支出用于新建国有企业投资、对股份制企业的参股、控股以及对国家股的扩股、增资、兼并购买产权或股权等,以保持公有制资产在社会总资产中的优势。

(3) 债务收入

债务收入是指国家以债务人的身份,按照信用的原则从国内外取得的各种借款收入。它包括在国内发行的各种公债(国库券、财政债券、保值公债、特种国债等),向外国政府、国际金融组织、国外商业银行的借款以及发行国际债券等取得的收入。在现代社会里,公债因具有有偿性、自愿性、灵活性和广泛性等基本特征,并具有弥补财政赤字、调剂国库余缺、筹集财政资金和调控经济运行等多种功能,已成为一种不可缺少的重要财政收入形式。同时,公债是国家取得财政收入的一种特殊形式,这可以从三个方面来理解:第一,公债的特殊性在于与税收相比,不仅具有偿还性,而且具有自愿性;第二,公债是政府调节经济的杠杆,是政府进行宏观调控、保持经济稳定、促进经济发展的一个重要经济杠杆;第三,公债是一个特殊的债务范畴。它并不以财产或收益作为担保物,而是依靠政府的信誉发行。在一般情况下,公债比私债要可靠得多,而且收益率也高于普通的银行存款,所以通常被称为金边债券。

(4) 收费收入

一般地说,收费形式是国家政府机关或国家事业机构等单位,在提供公共服务、产品、基金或批准使用国家某些资源时,向收益人收取一定费用的一种财政收入形式。它主要包括规费收入、公产收入、特许金收入等。收费收入涉及面广、收入不多,一般属于地方政府收入的主要来源。国家采用收费这种形式,主要是促进各单位和个人注重提高效益,发挥其调节社会经济生活的作用。收费形式贯彻利益报偿原则和费用补偿原则。利益报偿原则是指根据收益当事人所受利益大小来确定所缴纳的费用数额;费用补偿原则是指政府根据所提供的服务或产品、设备的成本来确定征收费用的数额。通常以利益报偿原则为征费的上限,以费用补偿原则为征费的下限。也就是说,收费的最高限额应根据利益报偿原则确定,最低限额应根据费用补偿原则确定。

3. 按财政资金的管理方式分类

按财政资金的管理方式分类,我国财政收入可分为预算内和预算外两大类,这是我国特有的现象。

21世纪前十年我国财政统计中的财政收入主要指预算内收入，它的特征是统一纳入政府预算，按政府预算立法程序实行规范管理，由各级政府统筹安排使用。预算内财政收入主要包括各项税收、专项收入、其他收入和国有企业亏损补贴。

预算外收入是指国家机关、事业单位和社会团体为履行或代行政府职能，依据国家法律、法规和具有法律效力的规章而收取、提取和安排使用的未纳入政府预算管理的各种财政性资金，在使用上由各收费部门安排使用，不纳入财政收入统计，从其本质上看是收费，只不过是预算外收费而已。从2011年1月1日起，预算外资金管理的收入（不含教育收费）全部纳入预算管理。预算外资金收入的概念已逐渐消失。

4. 按收入层次分类

按财政收入的层次，可以分为中央财政收入和地方财政收入。

中央财政收入是指按照财政预算法律和财政管理体制规定由中央政府集中和支配使用的财政资金。中央财政收入主要来源于国家税收中的属于中央的税收、中央政府所属企业的国有资产收益、中央和地方共享收入中的中央分成收入、地方政府向中央政府的上解收入以及国债收入等。中央政府财政在一国纵向财政结构中居于主导地位，担负着国家安全、外交和中央国家机关运转所需费用，调整宏观经济结构，协调地区经济社会发展，实施宏观调控所必需的支出，以及跨省重大基础设施建设和重要事业发展支出等重任。因此，作为政府财力的重要组成部分，按照事权与财力匹配的原则，单一制国家的中央政府一般把财源稳定、充沛和涉及宏观调控的税种与非税财政收入直接控制在自己手中；联邦制国家则通过联邦宪法规定联邦政府拥有课税优先权和举债优先权，来确保中央（联邦）政府收入的主导地位。

地方财政收入是指按照财政预算法或地方财政法规定划归地方政府集中筹集和支配使用的财政资金。地方财政收入主要来源于地方税、地方政府所属企业的国有资产收益、共享收入中的地方分成收入以及上级政府的返还和补助收入等。在多级政府财政体系中，地方政府财政往往又由两级或两级以上构成，各级地方财政分别担负着区域政权机关运转所需费用和分级提供公共产品，满足企业和居民公共需要的职责，因此，地方财政在纵向财政结构中居于基础地位。在构建纵向财政结构时，须保证地方各级财政有自己稳定可靠的收入来源。

（三）财政收入与公共产品提供

在现实经济生活中，各种物品在供给上的成本补偿方式是各不相同的。确定私人物品具有供给上的排他性和消费上的竞争性这两个特征，这就决定着，确定私人所有权的经济和技术基础，界定了所有权发生的交易成本不高，并且私人产品也可以按照等价有偿的原则，通过交易方式互通有无。对于私人产品的生产者和提供者来说，只有当全部边际成本得到补偿之后，才会向支付生产费用的人提供这种产品并使之受益。由于私人产品的价格是由边际成本决定的，并且产权关系决定着产品的所有权，因此，根据市场经济法则，这类产品通过市场引导，由追逐利润最大化的企业自主生产和提供，便可能达到资源的充分利用和有效配置。可以说，这是分析私人产品给我们带来的重要启示之一。

财政收入与公共产品之间关系的结合点，在于公共产品成本的补偿方式。从内容上讲，财政收入是国家或政府的一种行为，是以政治权力为依托，参与社会产品或国民收入分配的一种形式。特别是税收的特征，表现为强制性、无偿性和固定性这三个方面。其中，所谓无偿性，是指税收通常与政府职能挂钩，财政收入由国家统筹使用，用于满足公共需要。就单个纳税人来说，其缴纳的税款与得到的公共产品受益很难形成一一对应的等同关系，即单个纳税人从个人自身的纳税行为中不能直接获得受益体会。但从总体上讲，政府提供公共产品是有成本的，这些成本只能通过财政收入的形式加以弥补。

长期以来，国外学者一直致力于课税依据的研究，并且产生了不同的学说，包括供需说、交换说、保险说、牺牲说、分担说和社会政策说等观点。这些观点均试图从各自不同的角度解释政府为什么征税的问题，其中就有相当多的学者，包括重商主义者霍布斯和古典经济学派代表斯密等人围绕"交换说"所阐述的观点。交换说的核心在于认为税收的本质是国家和纳税人之间的交换关系，纳税人享受国家提供的各种利益，就应当通过纳税提供补偿。由于常常提到税收与利益之间的交换，所以，交换说有时也被称为利益说。在市场经济条件下，对公共产品学说的分析更进一步论证了这种观点。从某种程度上讲，税收又是一种价格，是人们为取得公共产品而支付的代价。社会成员既是消费公共产品的主体，也是缴纳税款的主体。从"交换说"的意义上讲，税收可以被理解为享用公共产品的"代价"，而非纳税人的一种无谓的牺牲。因此，社会成员有责任以受益者的身份，树立税收观念，增强纳税意识，积极地为公益事业作出贡献。在有权利享用公共产品的同时，社会成员也有义务珍惜公共产品。随着经济的增长和政府行为效率的提高，在通常情况下，社会成员还可以指望享用到更好的公共产品。

如果说财政收入中税收在某种程度上是一种价格的话，那么，收费也是一种价格，它是人们为取得准公共产品而付出的代价。收费是以提供服务为前提的一种分配形式，也体现着一种交换关系。由于准公共产品并不同时具备"非排他性"和"非竞争性"这两个特征，或这两个特征并不明显，因此，单纯地采取征税的方式很难有效地弥补它的成本，于是收费方式便成为弥补准公共产品成本的一种较为有效的方式。

二、财政收入结构分析

（一）财政收入结构的含义及影响因素

财政收入结构是指财政收入的构成因素以及各因素之间的相互关系。它主要指财政收入的来源结构，它反映了财政收入的基本构成内容及各类收入在财政收入总体中的地位，同时也反映了一定时期内财政收入的来源和财政收入政策调节的目标、重点和力度。对财政收入进行结构分析，目的在于揭示财政收入的结构与经济结构之间的内在联系及其规律性，理顺分配关系，寻求增加财政收入的途径，加强对现有收入的监督和管理。

影响财政收入结构的主要因素包括：

1. 经济发展状况

经济发展状况特别是经济效益的提高，会使税收收入以及国有资产收益占财政总收入的比重呈上升趋势。

2. 制度选择状况

制度选择主要涉及经济体制、财政体制以及财政收入制度的选择。不同的制度选择，使财政收入呈现不同的结构。例如，在市场经济条件下，多种经济成分并存，规范性收入所占比重较大。因此，在财政收入结构中，必然出现以税收收入为主的态势。

3. 财政运行状况

财政运行状况的优劣，对该时期的收入结构也构成重要影响。一般财政运行状况优良，债务收入的比重较低，其收入规模能较好地控制在警戒线内；反之，财政运行状况恶化，为解决财政困难，政府将不得不通过大量举债度日，因此债务收入所占的比重较高，甚至超过了警戒线，为今后的财政运行埋下更大的隐患。

（二）财政收入结构的分析

财政收入的结构，包括财政收入的价值结构和经济结构。财政收入的价值结构包括C、V、M三部分。财政收入的经济结构包括财政收入的社会经济结构和国民经济结构。社会经济结构即所有制结构；国民经济结构包括部门结构、产品结构、地区结构、技术结构等，其中部门结构是最主要的。财政收入在这两方面的结构实际上是生产关系结构和生产力结构，若结构合理，经济就能有效地发展，财政收入也能不断地增长。下面对财政收入的来源结构进行具体的分析。

1. 财政收入的价值结构

社会产品价值包括 C、V、M 三部分。C 是补偿生产资料消耗的价值部分；V 是新创造的价值中归劳动者支配的部分；M 是新创造的价值中归社会支配的剩余产品价值部分，它是财政收入的主要来源，但不是唯一来源。

(1) 补偿基金 C 中的折旧基金可以成为财政收入

C 是补偿生产资料消耗的价值，又叫补偿基金，它可以分为两部分：一部分是补偿消耗掉的原材料等劳动对象的价值，只要企业的再生产不间断地持续下去，这部分补偿就必须不断地再用于购买新的劳动对象，投入生产，因此，它不能构成财政收入的来源。另一部分是补偿机器设备、厂房等固定资产耗费的价值。固定资产价值的补偿和实物更新是不一致的，其物质形态的补偿是通过固定资产的更新来实现的，而价值形态的补偿则是通过从销售收入中提折旧基金来实现的。由于折旧基金是随着固定资产的磨损逐步提取的，而固定资产在它报废后才需要更新，因此折旧基金从提取到使用有一段时间间隔，在这一时间内它可以被当做新的资金追加投资。也正是由于折旧基金所具有的积累的属性，所以在传统的高度集中的财政体制下，国有企业的折旧基金曾全部或部分地上缴财政，成为财政收入的一个来源。但从建立现代企业制度和维护企业经营管理权限来看，折旧基金属于企业自主支配的资金，是简单再生产的范畴，由企业管理使用为宜。1985 年 2 月，国务院决定，中央财政不再集中企业的折旧基金，至于地方财政、主管部门是否集中，由地方根据自己的实际情况而定。不过从理论上讲，还不能绝对排除折旧基金作为财政收入来源的可能性。

(2) 劳动者个人收入 V 可以成为财政收入

V 是劳动者为自己劳动所创造的必要劳动价值，属于个人消费基金的范畴。V 能否构成财政收入的来源需作具体分析。第一，从个人货币收入层次看，V 在总体上是由社会平均维持劳动力再生产的费用决定的，应全部留归劳动者个人。但由于客观上存在劳动力上的差别，以及社会产品分配中存在多种个人收入分配形式，各个劳动者实际得到的货币收入在数量上是不同的。一部分高收入者的收入远远高于社会平均必要产品价值；另一部分低收入者的收入则低于社会平均必要产品价值。为了维护收入分配的公正、合理，保持社会稳定，政府应以社会管理者身份凭借政治权力采用税收形式对高收入者进行再调节，对低收入者进行补偿，可见 V 构成了财政收入的来源。第二，从个人收入 V 的消费层次看，个人收入用做消费的部分可分为三个层次：一是维持劳动者自身及家属最低限度的生活需要；二是用于发展个人专门技能或知识能力方面的需要；三是用于业余休闲或享受部分的支出。在现代文明社会，维持合格劳动力再生产的费用应主要包括前两部分，它一般不应成为财政分配的对象；而第三部分则有很大的伸缩性，尤其与收入水平相关联，因此，对用于这一消费层次的收入可采用税收形式予以适当调节，对个人课征所得税或特定消费品课征消费税，最终都应以第三部分消费支出来负担。

(3) M 是财政收入的主要来源

M 是新创造的价值中归社会支配的剩余价值部分，它是财政收入的基本源泉因为从社会产品价值构成上来看，财政收入主要来自 M 部分，只有 M 多了，财政收入的增长才有坚实的基础。正如马克思所指出的，富的程度不是由产品的绝对量来计量，而是由剩余产品的相对量来计量。这句话道出了财政收入与 M 的关系。既然 M 是财政收入的基本源泉，那么增加财政收入的根本途径就是增加 M，这就是要分析影响 M 增减变化的因素，从而找出影响财政收入的因素。在国民经济中影响 M 增减变化的因素主要有三个：产量、成本和价格。在产品成本和价格一定的条件下，扩大生产、增加产量和产值，必然同时也增加 M，进而扩大财政收入规模。在产品产量和价格不变的情况下，成本与 M 成反比例变化，即成本提高，则 M 减少，财政收入也相应减少；反之，成本降低，则 M 增大，财政也相应增多。因此，增加财政收入的根本途径是降低成本，提高经济效益。

2. 财政收入的经济结构

(1) 财政收入的社会经济结构

财政收入的所有制构成是指各种所有制的财政贡献比例。一般而言，在整个经济中占主导地位的所有制经济将贡献较多的财政收入。比如，在改革开放前的大部分时期，全民所有制经济（国有经济）在社会经济生活中财政收入占据了绝对的主导地位，财政收入则大部分来源于全民所有制经济，一般比重均在 80% 以上。改革开放以后，我国集体经济、私营经济及外资经济得到了迅速发展，其贡献的财政收入也不断提高，而全民所有制经济贡献的财政收入则不断下降。

(2) 财政收入的部门构成

财政收入的部门结构分析，在于说明各生产流通部门在提供财政收入中的贡献及其贡献程度，便于根据各产业的发展趋势和特点，合理组织财政收入，并开辟新的财源。部门结构既包括传统意义上的国民经济结构分类，如工业、农业、建筑业、交通运输业等，又包括现代意义上的产业结构分类，即第一产业、第二产业和第三产业。

直接来自第一产业的收入，主要是农牧业税。由于我国第一产业劳动生产率较低，以及长期以来对这一产业贯彻稳定负担政策和轻税政策，因此，农牧业税在全部财政收入中占的比重很小，农村税费制度改革前这一比重在 3%～5%；20 世纪 90 年代末我国开始推行农村税费制度改革，来自第一产业的财政收入逐步减少。间接来自第一产业的收入，主要表现为由于工农业产品交换中存在"剪刀差",使农业部门创造的一部分价值转移到以农产品为原料的轻工部门来实现。近年来,为了缩小"剪刀差",曾大幅度提高农副产品收购价,但由于农业劳动生产率不可能迅速提高,工农产品的"剪刀差"不可能立即消除。因此,农业通过价格转移为财政提供收入的情况会依然存在。

第二产业是国民经济的主导。我国财政收入的绝大部分直接来自第二产业;因此,第二产业对财政收入的状况起决定作用。因为第二产业生产技术装备先进,劳动生产率高,创造的剩余产品价值多,同时,第二产业在我国主要是国有企业,创造的社会纯收入大部分上缴国家,所以第二产业是财政收入的最主要来源。但财政收入能否随着第二产业生产的发展而相应增长,一是取决于企业的经济效益;二是取决于产业内部各行业的比例结构:轻重工业之间,基础工业与加工工业之间等的比例关系。只有企业经济效益提高,各行业之间比例关系合理协调,财政收入才能相应增长。所以,加快企业改革特别是国有大中型企业改革,提高经济效益,促进经济协调发展,是财政收入增长的关键。

第三产业部门创造的价值也构成国民生产价值的一部分,同时也是构成财政收入的来源因素。第三产业产值在国民生产总值中的比重随经济发达程度而发生变化。随着社会生产力发展和科学技术的进步,第三产业产值占国民生产总值的比重越来越高,这是各国产业发展的一般趋势。与此同时,财政收入来源于第三产业的比重越来越高。在发达国家,第三产业创造的价值占 GDP 的比重已达 60%,提供的财政收入占国家财政收入的 50% 以上,第三产业对于国民经济和财政收入的贡献度越来越高。而我国长期以来第三产业严重滞后,工业和农业两大生产部门创造的国民收入始终占国民收入总额的 80% 左右,两大部门,特别是工业部门提供的财政收入在财政收入总额中占据较高的比重,来自第三产业(主要为商业、交通运输业、建筑业等)的财政收入所占比重不高。

近年来随着社会经济的发展,生产力水平的提高和价格体系的合理确定,第三产业在我国已经有了快速发展,特别是我国工商税制改革以后,增值税的作用显著增强,以商业、交通运输业、邮政通信业等为龙头的第三产业提供的收入增长迅速,已占整个税收收入的 40% 以上。因此,在注重从工农业部门筹集财政收入的同时,政府通过加强对第三产业部门的管理,提高从交通运输业、商业及其他部门筹集财政收入的能力,也是今后财政收入筹集工作的一项重要内容。

3. 财政收入分项目构成

财政收入分项目构成,是按财政收入形式分析财政收入的结构及其变化趋势。这种结构的发展变化,是我国财政收入制度变化的反映。从财政收入的项目看,各国财政收入的主体都是税收收入,而国有资产收益和收费等只是财政收入的补充形式。

第二节　财政支出

一、财政支出的分类

（一）按支出用途分类

按财政支出用途分类是我国财政支出的传统分类方法，也是出现比较早的分析方法。它的理论依据是马克思的社会产品价值构成理论。

根据马克思主义经济理论，社会总产品反映社会在一定时期内的生产成果，社会总产品在价值构成上分为C、V和M三个部分：①生产过程中已经消耗掉的生产资料的价值（C）；②物质生产部门的劳动者所创造的必要产品的价值（V）；③物质生产部门的劳动者所创造的剩余产品的价值（M）。经过初次分配之后，社会总产品相应地转化为补偿基金、积累基金和消费基金。剩余产品并非都转化为积累基金，有一部分转化为社会消费基金，用于扩大再生产和提高人民的物质文化生活水平。但在扩大再生产条件下，社会总产品总价值中M的一部分不用于消费，而是通过一个投资的过程形成积累。显然，从上期生产的结果来看的社会总产品的价值构成，同从最终使用亦即从下期生产的起点来看的社会总产品的价值构成是不相对应的。具体地说，从最终使用来看，C的价值并非全部用于补偿消耗掉的生产资料，因为，在固定资产规模不断扩大的情况下，从全社会来看的固定资产折旧价值，有一部分可以用于积累性的投资。V的价值也不等于全部消费，因为：①作为总消费之构成部分的社会消费主要来自M；②作为劳动者个人收入的V，有一部分也会以储蓄的形式沉淀下来，再通过各种渠道转化为投资。同样，M的价值也不等于积累，因为社会消费基金要取自M，剩余部分才能用于积累。可见，在一个动态的发展的经济社会里，社会总产品的价值构成同社会总产品的最终使用构成是不相同的，产生这个差别的动力是社会经济不断扩大再生产亦即不断发展的需要，使这个过程得以现实而运行的机制便是社会总产品的分配和再分配。

在任何经济社会里，财政活动都是对社会总产品的分配，而财政参与社会产品分配的过程与财政收支的形成有密切关系。财政支出首先用于满足社会消费，剩余部分用于扩大再生产的积累，即用于新增投资（净投资）。应当说，新中国成立以来，我国传统的财政支出安排就是按照马克思的这种社会再生产理论设计的。我国财政支出按用途分类，主要有基本建设支出、流动资金支出、挖潜改造资金和科技三项费用（新产品试制费、中间试验费、重要科学研究补助费）、地质勘探费、工交商部门事业费、支援农村生产支出和各项农业事业费、文教科学卫生事业费、抚恤和社会救济费、国防费、行政管理费、价格补贴支出等13大项。

若按社会总产品的价值构成来归类，其中挖潜改造资金属于补偿性支出；基本建设支出、流动资金支出、国家物资储备以及新产品试制、地质勘探、支农、各项经济建设事业、城市公用事业等支出中增加固定资产的部分，属于积累性支出；文教科学卫生事业费、抚恤和社会救济费、行政管理费、国防战备费等等，则属消费性支出。

若从动态的再生产的角度来进行归类，可分为投资性支出与消费性支出，投资性支出包括：挖潜改造支出（重置投资）、基本建设支出、流动资金支出、国家物资储备以及新产品试制、地质勘探、支农、各项经济建设事业、城市公用事业等支出中增加固定资产的部分；消费性支出包括文教科学卫生事业费、抚恤和社会救济费、行政管理费、国防战备费等。

由此，社会总产品的运动，从静态的价值构成上划分，可以分为补偿性支出、积累性支出和消费性支出；而从动态的再生产的角度考察，则可以分为投资性支出与消费性支出。

（二）按财政支出与经济活动的关系分类

按财政支出经济性质的不同，即按财政支出是否与商品和服务相交换为标准，将全部财政支出分为购买性支出和转移性支出两大类。

购买性支出直接表现为政府购买商品和服务的活动，包括购买进行日常政务活动所需的或用于国家投资所需的商品和服务的支出。前者如政府各部门的事业费，后者如政府各部门的投资拨款。这些支出的目的和用途虽然有所不同，但却具有一个共同点：政府支出获得了等价性补偿，即财政一手付出了资金，另一手相应地购得了商品与服务，并运用这些商品和服务来实现国家的职能。在这种性质的支出安排中，政府如同其他经济主体一样，在从事等价交换的活动，体现出来的是政府的市场性再分配活动。

转移性支出则与此不同，它直接表现为资金的无偿的、单方面的转移，政府不能从中获取相应的物品和服务。这类支出主要有补助支出、捐赠支出和债务利息支出。这些支出的目的和用途不同，但也有一个共同点：政府支出未获得等价性补偿，即政府付出了资金，却无任何所得，这里不存在任何交换，它所体现的是政府的非市场性再分配活动。

按经济性质分类有较强的经济分析意义。

①购买性支出对社会生产和就业有直接影响，对收入分配只有间接影响，而转移性支出恰好相反。因为在购买性支出安排中，政府掌握的资金与微观经济主体提供的商品与服务相交换，政府直接以商品和服务的购买者身份出现在市场上，从事等价交换的活动，从而对社会的生产和就业产生直接的影响。此类支出当然也影响分配，但这种影响是间接的。在转移性支出安排中，政府所有的资金转移到领受者手中，它只是资金使用权的转移，对分配产生直接影响。微观经济主体获得这笔资金以后，究竟是否用于购买商品和服务，以及购买哪些商品和服务，已不在政府的控制范围之内，因此，在转移性支出中，财政对生产和就业的影响是间接的。

②购买性支出体现出的财政活动对政府形成较强的效益约束，转移性支出对政府的效益约束相对较软。因为在安排购买性支出时，政府必须遵循等价交换的原则；而在安排转移性支出时，政府并没有十分明确和一以贯之的原则可以遵循，而且，财政支出的效益也极难换算。所以转移性支出的规模及其结构在相当大的程度上只能根据政府与微观经济主体、中央政府与地方政府的谈判情况而定，显然，通过转移性支出体现出的财政分配活动对政府的效益约束是软的。

③购买性支出对微观经济主体的预算约束较强，转移性支出对微观经济主体的预算约束较软。这是因为微观经济主体在同政府的购买性支出发生联系时，也必须遵循等价交换原则。对于向政府提供商品和服务的企业来说，它们收益的大小，唯一取决于市场供求情况以及销售收入同生产成本的对比关系，所以，对微观经济主体的预算约束是硬的。微观经济主体在同政府的转移性支出发生联系时，并无交换发生，因而，收入的高低在很大程度上并不取决于自己的能力（对于个人）和生产努力（对于企业），而取决于同政府讨价还价的能力。显然，对微观经济主体的预算约束是软的。

通过以上分析，可以得到这样的认识：在财政支出总额中，购买性支出所占的比重大些，财政活动对生产和就业的直接影响就大些，通过财政所配置的资源的规模就大些；反之，转移性支出所占的比重大些，财政活动对收入分配的直接影响就大些。联系财政的职能来看，购买性支出占较大比重的财政活动，执行配置资源的职能较强，转移性支出占较大比重的财政活动，执行收入分配的职能较强。

（三）按支出方式分类

财政支出的方式是指采用什么方式来分配和使用财政资金。目前，我国财政支出的基本方式有财政无偿拨款和财政性贷款。

财政无偿拨款是财政部门根据权力机关批准的年度支出预算，按照支出的计划用途和方向、数额和程序，及时、足额地将财政资金无偿拨付给用款单位。财政无偿拨款是我国财政支出中采用的主要形式，是政府实现其各项职能的前提和物质保证，它主要用于保证文教科卫等事业费、行政管理费、国防支出等。国家机关、团体、部队和事业单位都是满足社会公共需要的部门和非营利性单位，它们活动所需要的经费，只能通过财政无偿拨款来解决。财政无偿拨款形式体现了财政无偿性的基本特征。但是，需要加强对财政无偿拨款的财政管理，努力提高财政资金的使用效益。

财政性贷款是指财政部门以信贷方式向使用单位有偿让渡财政资金的方式。它是我国经济体制改革过程中，为适应社会主义市场经济体制的建立，加强用款单位的经济责任，提高财政资金使用效果而采用的一种财政支出形式。它主要适用于从事生产经营活动的生产部门、单位所需要的基本建设投资贷款及农业长期贷款。实行有偿贷款形式：一方面可以使使用单位服从政府对社会经济进行宏观调控的需要；另一方面可以促进使用单位的用款数量与其物质利益结合起来，加强经济核算和经营管理，提高经济效益。

研究财政支出的方式，其意义在于可以根据不同性质的支出采取适当的方式，以期充分提高财政资金的支出效益。一般来说，作为国家行政机关等一般管理机关，作为文教科卫等满足社会公共需要的部门，本身不从事生产，无收入来源或较少收入来源，这些部门又是社会发展和经济发展所必需的，这些非营利部门的资金来源只能由财政无偿拨款来提供。一些微利或无利的并且单个企业或个人无法承担的基础设施建设，如城市公共基础设施、邮政、公共事业等也需要由财政拨款提供资金来源。而作为从事生产经营、有收入来源并获得盈利的企业投资，因有偿还能力，所以可采取有偿贷款方式解决资金的暂时不足。但无论采取哪种方式，都存在提高财政支出效益的问题。

（四）按支出级次分类

现今世界各国均依照国家政权的级次设置相应级次的财政支出。基本上每个级次的财政都有其本级次的支出范围，从事本级次的相对独立的财政活动。根据支出级次对支出进行分类也是一种重要的分类方法。我国政权级次由中央、省（自治区、直辖市）、市（自治州、地区行署）、县（不设区的县级市、自治县）和乡（镇）五级构成。与之相对应，我国财政支出由中央支出、省级支出、市级支出、县级支出和乡级支出五个级次组成。其中，省级及省级以下的财政支出统称为地方财政支出。

财政支出按支出级次分类，反映了中央和地方在政府财政资源配置中的地位和相互关系。从我国历年的改革实践来看，在财政体制中，中央与地方之间的财政分配关系，一直是财政体制的核心问题，这一问题的焦点，又主要表现在中央与地方支出关系的处理上。

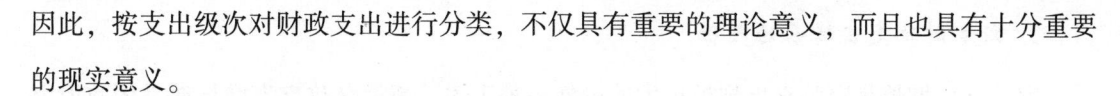

因此，按支出级次对财政支出进行分类，不仅具有重要的理论意义，而且也具有十分重要的现实意义。

二、财政支出规模分析

（一）衡量财政支出规模

1. 衡量财政支出规模的指标

财政支出规模是指政府在一定时期安排的财政支出的数量。财政支出规模通常表现为财政支出的总量，衡量财政支出规模的指标通常为绝对指标和相对指标。

绝对指标是指以一国货币单位表示的财政支出的实际数额。使用绝对指标可以直观地反映某一财政年度内政府支配的社会资源的总量，但是，这一指标不能反映政府支配的社会资源在社会资源总量中所占的比重，因而不能充分反映政府在整个社会经济发展中的地位。绝对指标是以本国货币为单位，也不便于进行国际比较。此外，由于这一指标是以现价反映财政支出的数额，没有考虑通货膨胀因素对支出总量的影响，因而所反映的只是名义上的财政支出规模，与以前年度，特别是在币值变化比较大的年份的财政支出绝对额缺少可比性。

相对指标是指财政支出占 GDP（或 GNP）的比重。相对指标反映了一定时期内在全社会创造的财富中由政府直接支配和使用的数额，可以通过该指标全面衡量政府经济活动在整个国民经济活动中的重要性。由于是相对指标，因此便于进行国际比较，而且由于这种方法是通过计算财政支出占 GDP 的比重来衡量财政支出规模的，剔除了通货膨胀因素的影响，反映的是财政支出的实际规模，与以前年度的财政支出规模进行比较也具有可比性。两个指标各有所长，各有所短，一般是根据实际需要，采用不同的标准。在分析、研究财政支出规模时，通常是以相对指标作为衡量财政支出规模的主要指标。

需要注意的是，在衡量财政支出规模时，无论是绝对指标还是相对指标，都存在一个针对物价变化进行调整的问题。对于绝对指标，这一点是显而易见的；但对于相对指标，则需要稍稍加以解释。从表面上，分子分母同时受物价变动的影响从而二者的比值与物价变化没有关系。但问题在于，分子分母往往并不采用同一的物价指数进行调整。比如，由于购买劳务的支出在总支出中总是占相当的比重，而劳务价格的变动一般被认为要比物价总水平的变动更快，其结果是，与按照物价总水平变动进行的调整相比，总支出对 GDP 的比例将会更低。

2. 衡量财政支出增长的指标

财政支出增长是财政支出规模扩大的另外一种表述，衡量财政支出增长通常用政府财政支出规模变化的动态指标来分析。与财政支出规模的衡量指标类似，衡量财政支出增长的指标也可以分为绝对量指标和相对量指标。同样，由于绝对量指标是以现价反映财政支出的数额，没有考虑通货膨胀因素对支出总量的影响，只有消除币值变动的影响，才能如实反映财政支出增长变化的情况。相对量指标中，目前世界各国主要采用政府支出占GDP（或GNP）的比重以及政府财政支出对GNP的弹性等指标来衡量财政支出增长变化情况。

（二）影响财政支出规模的主要因素分析

1. 经济因素

经济因素对财政支出规模的影响体现在由于经济发展水平的提高引起的财政支出规模的增长。随着经济的发展，为支出增长提供了可能性。从总体上说，随着经济的发展，社会财富不断增加，人们维持最低生活需要的部分在社会财富中所占比重下降，可以由政府集中更多的社会财富用于满足社会公共需要的可能性不断提高。从具体情况来说，一是经济的发展，国内生产总值不断增加，从而使税基不断扩大，财政收入增加，为支出规模不断扩大提供了可能；二是由于作为政府取得财政收入主要手段的税收中的一些税种尤其是所得税具有累进性，因此在其他条件保持不变的情况下，政府通过税收取得的财政收入增长具有累进性，即政府财政收入的增长速度要快于经济发展增长速度，也使财政支出规模不断扩大成为可能；三是随着经济的发展和社会财富的增加，私人财富增多，使政府通过发行公债方式筹资扩大支出成为可能。

2. 政治因素

（1）政府职能的扩大

政府职能不断扩大是导致各国政府财政支出不断增长的重要原因。在自由市场经济条件下，政府只履行"守夜人"的角色，政府职能主要集中在维持政权机器运转、维护国家安全、防御外来入侵和维护司法公正等方面，对私人生产和私营企业的经营活动不加干涉。资本主义基本矛盾的激化和经济危机的周期性爆发，使人们认识到市场失灵的存在，认识到政府干预的重要性。20世纪30年代在资本主义世界普遍发生的经济危机更强化了人们关于政府应该干预经济的意识，政府逐渐加强了对经济的宏观调控。在20世纪50年代后，为了防止社会动荡，缓解社会矛盾，政府又不得不设法提高人民的生活水平并提供基本的社会保障，政府职能的扩大，导致了财政支出规模的扩大。随着社会的发展和人民生活水平的提高，社会对公共产品的需求越来越多，对其质量要求也越来越高。公共产品的社会需求不断提高，从而使政府提供的社会产品的范围扩大，又进一步推动了财政支出规模的不断增长。

（2）不同的经济体制和制度对财政支出规模产生较大影响

经济体制对财政支出的影响，集中表现在"计划经济"和"市场经济"国家的财政支出规模的不同上。计划经济国家向经济建设领域延伸过多，政府职能范围也比市场经济国家政府的职能范围宽，因而财政支出占GDP（GNP）的比重也比较高。即使经济体制相同，但由于实行不同的福利制度，也对财政支出规模产生影响。

（3）政府机构设置及其工作效率的高低

政府工作的效率对财政支出规模也有很大的影响，政府工作效率高，则设置较少的政府职能机构就能完成政府职能，较少的支出就能办较多的事，因而财政支出的规模也就相对小一些；如果政府工作效率低下，机构臃肿，人浮于事，则办同样的事就需较多的支出，因而会加大财政支出的规模。

3. 社会与历史因素

（1）人口与环境保护压力

人口增长给财政支出带来的压力，表现在四个方面：第一，人口总量的增加必然要求政府增加各种最基本的社会公共需求，否则将降低国民享有的公共服务及社会福利水平；第二，人口素质提高的压力要求政府必须扩大学校、医疗卫生机构、福利设施等的规模，增加行政管理、立法司法、军队警察、治安保障等公共服务；第三，人口增长带来的老龄化趋势会增加财政支出中养老金、退休金等的支出压力，扩大财政支出规模；第四，人口增长还会增加对资源的消耗，产生环境问题，从而要求政府加大环保投入。

（2）社会福利的改善

社会福利程度的提高是缓解社会矛盾的润滑剂。我国社会经济的发展以提高人民的物质文化生活水平为出发点，以有效提高社会公众的福利水准为核心内容。在国外一些国家，社会矛盾的日益突出要求政府必须改善民众福利。更进一步地讲，在经济竞争和科技竞争日趋激烈的现代社会，改善社会福利已经成为人力投资的一种手段。因此，各国政府都在努力通过财政支出结构的调整和规模的扩大来提高社会福利水平。

（3）社会分工的复杂化

随着社会活动的复杂化，社会经济活动的分工更加细化，政府必须增设必要的职能机构以满足由分工细化带来的新型公共需求，由此必须增加财政支出。

三、财政支出的结构分析

（一）我国财政支出结构的一般分析

财政支出结构划分的标准，就是财政支出分类的标准。按照传统的支出分类，我国分别按支出用途分类，支出组合为补偿性支出、积累性支出和消费性支出；按经济性质划分，财政支出由购买性支出和转移性支出构成；按支出层次划分，支出组合由中央支出和地方支出构成；按政府职能分类，支出组合由经济建设费、社会文教费、国防费、行政管理费和其他支出五大类构成。自政府收支科目改革以来，我国逐渐摒弃传统的按支出用途分类和政府职能分类，而分别改为按支出经济分类和支出功能分类。

1. 财政支出的用途结构分析

从新中国成立以后到20世纪末期，按财政支出的最终用途划分，补偿性支出与积累性支出在财政支出总额中呈下降趋势，而消费性支出呈明显的上升趋势。其中，消费性支出与积累性支出在改革开放以前所占比例大体相当。改革开放以后，两者的差距逐渐拉大。我国经济体制改革导致政府财政支出用途结构的变化，政府财政由直接参与社会再生产过程、承担经济生活中的积累职责与维持简单再生产的责任，转变为以间接参与社会再生产过程为主、逐步退出社会直接生产领域。

2. 财政支出的经济性质结构分析

购买性支出与转移性支出在总支出中的比重，各个国家不同。一般来说，经济发达国家和实行市场经济体制的国家，政府较少直接参与社会生产活动，同时财政收入也比较宽裕，转移性支出（或相当于转移性支出部分）占财政总支出的比重相对较大，而购买性支出所占比重相对小些。财政主要执行调节收入分配的职能。而发展中国家和实行计划经济的国家，政府较多地直接参与社会生产活动，财政收入又相对匮乏，购买性支出（或相当于购买性支出部分）占总支出的比重明显较高，而转移性支出所占比重很低。

3. 财政支出的级次结构分析

在政府职能范围确定以及中央与地方政府职能划分明确以后，各级政府在履行其职能时就必须有相应的财力相支持，财政支出必须在中央与地方之间进行合理的划分，使得财政支出既能满足各级政府履行其职能的需要，又要满足中央政府进行宏观调控的需要。近年来，我国中央政府对地方政府实施转移支付后，地方政府支出占全国财政支出的比重越来越高。

(二) 影响财政支出结构的主要因素分析

财政支出结构受多种因素的影响，其中主要有政府职能及财政资金供给范围、经济发展水平、政府在一定时期的社会经济发展政策、国际政治经济形势等。

1. 政府职能及财政资金供给范围

财政支出结构与政府职能及财政资金的供给范围有着直接的关系。在计划经济体制下，政府职能及财政资金的供给范围比较宽，既承担了社会共同需要方面的事务，也承担了大量竞争性、经营性等方面的事务。所以，在财政支出结构上必然体现出浓厚的计划经济体制的特点，如经济建设支出投入的比重较大，增加了一些本应由市场去办的事务性支出。而在市场经济体制下，政府主要涉足市场不能办的事情或办不好的事情，着力于经济的宏观调控。所以，在财政支出中经济建设支出的比重就相对较小，同时在经济建设中用于基础设施、公用设施等投入的比重较大而几乎没有用于竞争性、营利性领域的支出。

2. 经济发展水平

经济是财政的基础，一方面经济发展的水平决定财政收入及其供给水平，另一方面财政支出的结构也受到经济发展水平的影响，因为一定时期的经济发展水平决定着当时的社会需要水平及社会需要结构。按照马克思主义的观点，人们首先要解决的是衣食住行这些人类生存的基本需要，而后才能考虑其他更高层次的需要。在经济发展水平不高的情况下，财政供给水平和保障能力也必然不高，财政支出结构也会相应体现出这一时期的特点。以我国为例，我国要建立和发展市场经济，迫切需要建立完备的社会保障制度，但限于国家财力，我国社会保障程度和范围十分有限，国家的社会保障支出还不能做到像国外国家那样在财政支出中占有那么大的比重，这只能随着国家经济发展水平和财力水平的提高逐步解决。因而，财政支出结构比较明显地反映出一个国家的经济发展水平。

3. 政府在一定时期的社会经济发展政策

财政支出反映着政府的活动范围和方向，反映着政府的政策取向。政府发展什么、控制什么、支持什么、限制什么，在财政支出结构中反映得十分清楚。因此，政府在一定时期的社会经济发展政策直接会影响到财政支出结构的状况。

4. 国际政治经济形势

在当前世界政治多极化、经济一体化大趋势的形势下，一国政治经济及其政府政策受国际形势和环境的影响越来越大，几乎没有任何一个国家可以孤立地存在和发展，都必须通过不同形式与国际社会发生这样或那样的联系和交往，经济一体化既使各国经济形成了紧密的联系，也形成了相互的依赖。因此，各国经济发展不能不受到国际经济形势和政治形势的影响，各国制定本国经济政策也必须充分考虑到国际形势的因素，从而对财政支出的结构产生显著的影响。

四、财政支出的公共产品属性分析

（一）财政支出与公共产品提供

将社会产品分为私人产品、公共产品和准公共产品（混合产品）的思路，对于界定社会主义市场经济条件下财政支出的范围具有一定的借鉴意义。重新认识政府的职能范围，实际上就是从资源配置方式的转变上重新认识公共财政的职能范围和财政支出范围。

在市场经济条件下，市场和包括财政在内的公共部门是两种特点不同、功能各异、分工明确的配置方式。市场通过均衡价格实现资源的配置，而财政是一种公共部门的经济行为，根据政府的政策通过财政收支实现资源配置。市场与包括财政在内的公共部门作为同一社会下的两种不同配置方式，其目的和目标也具有共同性，即都是为了满足社会成员的需要。但由于机制和作用的不同又有所分工，相互配合，共同实现兼顾公平与效率的目标。在配置方式上，主要是通过市场满足个人需要，通过财政满足社会公共需要。

公共经济学的理论通常将公共支出分为两大类：一是消耗性支出（亦称购买支出）；二是转移性支出。其中，消耗性支出主要包括国防、基础设施、行政、教育等方面的开支；而转移性支出主要由社会福利、社会救济等方面的开支构成。

1. 财政支出范围的划分与政府职能密切结合

当代公共经济学是从分析公共产品入手的，这种分析的意义，并不仅仅在于引申出了公共部门经济活动的必要性，同时也为进一步科学地划分政府职责和协调利益分配关系提供了方便，并且极大地影响了财政支出实践，使得各级政府的财政支出与其职责范围之间形成了紧密的对应关系，进而有助于提高支出效果，满足具有不同消费和投资偏好的社会成员对各种层次公共产品的需求。

2. 确定适度的财政支出范围

当代国外一些国家，其资源配置的基础是市场只有在存在市场缺陷的领域，政府才介入。如前所述，除国防和重大的基础设施等开支外，各级政府一般只负担政府机关、义务教育、社会保障及重大科学研究等方面的开支，对国家认为有价值的其他非营利性事业项目，视产业政策和财力状况适当给予资助。即使这样，财政的负担仍很沉重，赤字越来越大，债务越滚越多。近几年来，国外主要债务国已经充分认识到"越位"的危害，为取悦民心，多数国家的政党都以压缩财政供给范围、削减政府开支、减少财政赤字为竞选口号。当选政党也将此作为重要的任期目标，采取了一系列措施。

3. 注重财政支出结构的合理性

从许多国家的情况来看，尽管支出规模各异，却大都确立了较为合理的支出结构。在各种支出中，有调节性支出，如社会保障支出、补贴支出等；有行政管理性支出，如公共部门的消费性支出；还有基础设施方面的支出等。各个国家的财政均以保证政府行政管理、基础设施和社会保障等开支为己任，使财政在充分发挥政府职能方面产生了积极的作用。

4. 财政支出划分的法制化和规范化

许多国家的情况表明，虽然支出数额巨大、支出范围较为广泛、支出结构相当复杂，但在财政支出的安排和执行过程中都是有章可循的，有健全的法律体系加以保障。这样，就有助于避免支出安排中的随意性和盲目性，减少人为因素的干扰和影响，从而使支出安排的透明度加大，增加了财政支出的效率，提高了财政资金的使用效果。

（二）纯公共产品提供方式

如上所述，提供公共物品来满足公共需要有两个系统：一是市场；二是政府。一般而言，纯公共产品只能由政府来提供而不能由市场来提供，这是由市场运行机制决定的。市场是通过买卖提供产品和服务的，在市场上，谁有钱谁就可以购买产品或享用服务，钱多多买，钱少少买，无钱就不能买。总之，市场交易要求利益边界的精确性。公共物品的非竞争性和非排他性，决定了竞争性的市场机制不适于提供纯公共产品。一方面，从公共产品提供的角度看，非竞争性是指新增一个消费者的边际成本等于零，这就意味着，如果公共产品按边际成本定价，那么，由私人部门提供就得不到他所期望的最大利润，所以私人投资者不会自愿提供纯公共产品；另一方面，从公共产品消费的角度看，非排他性意味着一个人使用公共产品，并不排除其他人同时使用，即使从技术上可以排他，但成本太大，这样，消费者不会自愿花钱消费这种物品，而是期望他人购买，自己从中受益，即所谓免费搭车。免费搭车现象使公共产品也不适于通过市场方式提供，否则，每个人都会花钱去购买私人物品，而等着他人购买公共物品，自己免费搭车从中受益。

相对于市场机制而言，政府的运行机制是迥然不同的。政府的性质和运行机制决定了它可以解决市场提供公共产品所存在的难题。一方面，政府具有社会职能，因而满足全体社会成员的公共需要，追求社会目标，是政府本来应当承担的职责；另一方面，政府是一个公共权力机构，政府拥有向社会成员征税的权力，税收是保证纯公共产品供给成本得到补偿的最好途径。从这个意义上说，"天下没有免费的午餐"，表面上，纯公共产品免费享用，事实上也是以纳税为代价的。

政府主要是通过强制征税来提供纯公共产品，但是，征税是可以精确计量的，如按率征收或定额征收，而公共产品的享用一般是不可分割的，无法量化。如前所述，每个人的纳税额与他对公共产品的享用量是不对称的，不能多纳税就多享用少纳税就少享用，不纳税就不享用。尽管财政学界对税收合理负担问题有能力说、利益说，但不可否认的事实是，相对于市场交易中利益边界的精确性而言，纳税人负担与公共产品享用之间的关系缺乏精确的经济依据。

由以上分析可知，市场主要适于提供私人物品，对提供纯公共产品是失效的，而提供纯公共产品恰恰是政府配置资源的领域，是政府的首要职责。财政学关心的问题是，政府提供公共产品与市场提供私人产品之间的恰当组合，以及政府提供公共产品所花费的成本和代价。

（三）准公共产品的提供方式

前面说的是纯公共产品的提供方式，而公共产品有纯公共产品和准公共产品（或称混合公共产品）两类。准公共产品的特征是兼具公共产品和私人产品的性质，不言而喻，可以采取公共提供方式或市场提供方式，也可以采取混合提供方式。如前所述，准公共产品有两种不同类型：一类是具有非竞争性同时具有排他性；另一类是由外部效应引起的。

先看具有非竞争性又具有排他性的第一类准公共产品。以桥梁为例，桥梁成本可以通过两种方式来弥补：一是通过征税弥补，免费使用，这是公共提供方式；二是由过桥车辆收费弥补，如同一般商品买卖一样，谁过桥谁交费购买使用权，这是市场提供方式。政府要考虑的问题是，从社会角度出发比较两种提供方式何者为优，而比较的依据主要是效益和成本。不论采取哪种提供方式，该桥梁提供的社会效益和建筑成本是相同的，不同的是无论征税还是收费都会产生的成本及可能带来的一定的效率损失。征税成本是指征管成本和缴纳成本。税收的效率损失是指因征税而带来的社会福利损失，亦称税收超额负担。收费要设置管理设施和管理人员，也要花费成本。另外，由于收费会在一定程度上限制过桥的车流量，在不过分拥挤的情况下，对社会而言产生一部分消费损失，这是收费的效率损失。最终选取何种提供方式，取决于税收成本和税收效率损失同收费成本和收费效率损失的对比。

再分析主要具有外部效应的第二类准公共产品。选取这类准公共产品的提供方式，首先在于判断外部效应的大小。当外部效应很大时，可视为纯公共物品，采取公共提供方式。例如，基础科研成果是一种典型的外部效应产品，而且政府的政策是鼓励基础科研成果付诸应用，一般是采取公共提供方式。其实，多数公共产品都具有较大的外部效应，不过为了提高公共产品的使用效率，并为了适当减轻政府负担，对多数准公共产品采取混合提供方式是一种较佳的选择。例如，医疗保健，一部分由政府提供，一部分向就医者收费，采取混合提供方式，既可以保障职工和居民的医疗需要，又可以避免病床过分拥挤和药品的浪费。当采取收费方式时，政府所要关心的问题是合理制定收费标准，同时严格管理，避免利用垄断地位滥收费，或提高收费标准，加重居民负担，甚至造成严重的社会问题。

从各国的实践来看，准公共产品的有效提供主要有如下几种方式：①政府授权经营。对于具有规模经济效益的自然垄断行业，政府部门通过公开招标形式选择民间企业，通过签订合同的方式委托中标的民间企业经营，但政府部门对这一领域实行政府管制，一方面禁止其他企业自由进入，另一方面又禁止中标企业制定垄断价格。②政府参股。对于那些初始投资量较大的基础设施项目，如道路、桥梁、高速公路、铁路、港口、机场等，由政府通过控股参与建设。③政府补助。对于那些提供教育服务、卫生服务的民间机构及从事高新技术产品开发的民间企业，政府给予一定补助。这是因为教育服务、卫生服务、高新技术的开发都具有正外部效应。补助的方式包括补贴、贷款贴息、减免税等。

（四）公共生产

1. 公共生产的地位和类型

公共产品的提供方式涉及公共产品的生产方式问题。因为公共产品可以由政府直接组织生产，即所谓公共生产，也可以由私人生产，政府购买。所谓公共生产，是指由政府出资（即由预算拨款）兴办的所有权归政府所有的工商企业和单位进行生产。广义的生产部门，既包括生产有形产品和提供服务的工商企业，也包括提供无形产品和服务的学校、医院、文艺团体，以及政府机关、公安、司法、国防和准国家机关的事业单位等部门。按狭义生产概念理解的公共生产部门，在我国就是国有工商企业，包括垄断性国有企业。公共产品由国家机关和公共部门来提供并不表明这些公共产品必须由国家机关和公共部门来生产，即公共提供不等于公共生产。公共提供无非是强调这种产品要通过预算程序来供给，消费者通常可以免费获得。但是产品的生产可由公共部门来承担，也可以由私人部门来承担。同理，私人提供也不等于私人生产，私人在市场上提供的产品也可以由公共部门来生产。

值得注意的是，公共产品的生产方式和提供方式并不是一回事，两者可以形成多种相互交错的组合：有些公共产品是公共提供、公共生产，如政府机关、国防等部门提供的服务以及这些部门从国有企业购置的办公用品和设备，就属于这一类，还有垄断性国有企业提供的物品，也属于这一类；有些公共产品是公共提供、私人生产，如政府部门从私人企业采购设备和购置办公用品。私人企业承包政府工程等，属于这一类；至于公共生产部分收费或私人生产由政府给予补贴的混合物品，则属于公共生产、混合提供或私人生产、混合提供，等等。

为了进一步分析公共产品的生产问题，有必要对我国国有企业的地位、性质及其和财政的关系略作分析。我国现在处于并将长期处于社会主义初级阶段，而以公有制为主体、多种所有制经济共同发展，是社会主义初级阶段的基本经济制度。公有制经济不仅包括国有经济和集体经济，还包括混合所有制经济中的国有成分和集体成分。国有经济在整个国民经济中以及在公有制经济主体中具有特殊的地位，社会主义市场经济是以社会化、现代化大生产为基础的，而国有经济是社会化、现代化大生产体系中的核心部分，它控制着国民经济命脉，对经济发展起主导作用。

我国社会主义建设特别是经济体制改革的实践证明，单纯从形式上和数量上追求全面国有化，并不符合社会主义初级阶段生产力发展的要求，也不利于国民经济的全面、协调、可持续发展。国有经济的主导作用，不在于其数量和比重的大小，主要表现在它的控制力上，要从战略上调整国有企业的布局。目前，我国国有企业的覆盖面过宽，整体素质不高，资源配置不尽合理，必须着力加以解决。国有企业需要控制的行业和领域主要包括涉及国家安全行业、自然垄断行业、提供公共产品和服务的行业以及支柱产业和高新技术产业中的重要骨干企业，而不同类型的国有企业在国民经济中的地位、作用及同市场的关系是不同的。从和市场的关系来看，国有企业可分为竞争性与非完全竞争性两类，非完全竞争性企业又存在提供公共产品的非竞争性和处于基础产业及主导性产业的垄断性的差别。从改革的性质上看，有的企业改革是保持公有制不变，只涉及经营机制的转换，而有的企业改革则涉及所有制结构的调整，即将那些不适于实行国有的企业转变为集体、个人以及合资企业等非公有制企业。因而，国有企业改革不应采取以完全市场化和竞争化为目标的单一模式，而应是分门别类，采取不同形式，分类改革，分类管理。

2. 提供纯公共物品和准公共物品的国有部门和单位，应采取国有国营模式

在国有部门和单位中，有一类是提供纯公共产品的，典型的有公安、司法、政府行政管理部门，还包括城镇建设中的排水、绿化以及基础教育等。这些部门、单位，不能靠向居民收费或通过市场化维持和发展，基本上是由国家预算拨款，免费向公民提供服务，它的资金来源主要是国家税收。另一类是提供准公共产品的企业和单位，如高校、医院、文化团体、公共交通、自来水供应和煤气供应等，这些部门、单位，凡是由国家预算拨款创办的，自然应由政府直接控制和管理。但这些企业和单位运行中的资金可以有两种来源：一是国家预算拨款；二是按政府规定的项目和标准向公众收费，因而可以根据不同情况采取不同的管理方式。

3. 垄断性国有企业应采取国有国控模式

垄断性企业主要集中在邮电、铁路、交通运输、能源以及原材料工业等基础设施和基础工业部门，还包括支柱产业和高新技术产业。基础设施和基础产业属于"上游"生产部门，为其他生产部门（包括本部门）提供投入品，它们的价格构成其他部门产品成本的组成部分。基础产业和支柱产业以及高新技术产业都是国民经济的命脉，在整个经济发展中具有高度连锁效应和带动作用。我国作为一个发展中国家，政府必须在这些部门中占据支配地位，以便实现资源的优化配置，调节收入分配，保证国民经济的快速稳定增长。显然，这些部门不适于完全按照市场化原则进行改造，应选择国有国控模式，所以垄断性国有企业提供的物品可视为一种具有特殊性质和特殊意义的公共产品。国有国控并不意味着由政府直接经营，而是通过有法律效力的契约关系明确政府与企业间的责权利关系。为了发挥规模效益，应以资本为纽带，通过市场形成具有竞争力的跨地区、跨行业、跨所有制的大企业集团。但是，即使那些适合股份制改造的企业也必须保持国有资本的控制力，尤其要避免外国资本在这些部门拥有控制权。

4. 竞争性的大中型国有企业应采取公司制改造模式

竞争性国有企业是指那些由国家投资建成、基本上不存在进入和退出限制、竞争性充分、以营利为经营目的的国有企业，这些企业主要集中在加工工业、建筑业、商业和服务业，应按"产权清晰，权责明确，政企分开，管理科学"的原则，分别改造为上市公司、不上市公司和有限责任公司，使企业成为以营利为目的、自主经营、自负盈亏的市场竞争主体和法人实体。国有企业改革面临着观念转变、机制转变、运作转变的问题，基础是观念转变，核心是机制转变，最终要实现运作转变。大中型国有企业的公司改制，是指我国对国有企业从产权制度入手进行的改革，是多年来国企改革迈出的最大一步，也是十分艰难的一步，这里需要政府特别是财政给予大力支持。比如，支持社会负担的分离，安排下岗职工的再就业，完善社会保障体系等。

5. 中小型国有企业的改革方向是放开搞活

对国有企业改革必须把握战略性改组的策略，抓大放小，集中力量搞好大中型企业改革，尽快把小型国有企业推向市场，使其在市场竞争中求生存、求发展。放活小型企业的形式可以是多样的，如以大带小，实行资产重组，鼓励兼并、合资、联合、托管，实行股份合作制或改造为有限责任公司，承包租赁和拍卖出售等。

第四章 国债、国家预算及预算管理体制

第一节 国债原理与制度

一、国债概述

(一) 国债的含义与特征

国债亦称中央国债,是指中央政府在国内外发行债券或向外国政府和银行借款所形成的国家债务。国债是一种信用商品,它以偿还和付息为条件。从微观角度来看,它代表着一种向投资者出具的在一定时期内支付利息并到期归还本金的债务凭证;在宏观层面上,它反映出以国家为主体的一种分配方式。在国外,有的国家将公债与国债等同起来,即公债与国债都是指中央政府的债务,而地方政府的债务则称为地方债或市政债券。然而,从严格意义上说,公债与国债并不相同,公债包括中央政府的债务和地方政府的债务两个方面,而国债专指中央政府的债务。在我国,国家规定地方政府无权发债,只有中央政府才具有发债的资格,所以我国只存在国债。

从国债的定义可以看出,国债具有下列性质。

第一,国债是一国的中央政府的债务。所谓债务,从法律上说,它代表着所有权的转移,即从债权人转移到债务人手中,表现在国债上是指资金的所有权从投资者的手中转移至国家。不过,国债与普通的债务不同,国债的债务人是国家,是国家信用的一种表现形式。

第二,国债筹集的是一种财政资金。与货币信用的相关范畴有所区别,国债筹集的资金,通常首先成为财政资金,用来弥补财政赤字,然后再分配用于各项财政支出项目,甚至成为经济建设资金。需要指出的是,尽管国债的发行常常伴随着财政赤字的产生,但二者并不存在着必然的联系,发行国债并不一定意味着国家财政状况不好和经济面临困难。

第三,国债是一种有偿的资金使用形式。与其他来源的无偿财政收入不同,国家对国

债的取得是以支付一定代价为条件的。投资者将资金的所有权在一定时间内让渡给政府，当债务期限届满时，投资者可以收回本金，并得到相应的利息收益。国债的担保物不是财产和收益，而是政府的信誉，在一般情况下，国债比私债要可靠得多，通常被称为"金边债券"。

1. 国债的财政特征

国债作为政府财政收入的一种重要形式，与政府的税收相比较，具有如下特征。

（1）自愿性

自愿性是指国债的发行或认购建立在认购者自愿承购的基础上。认购者买与不买，购买多少，完全由认购者自主决定，国家不能指派具体的承购人。国债的自愿性特点与税收的强制性有区别。

（2）有偿性

有偿性是指对政府而言，通过发行国债筹集的财政资金是一种负债，必须按期偿还。除此之外，政府还要按事先规定的认购条件向债权人支付一定数额的暂时让渡资金使用权的报酬，即利息。

（3）灵活性

所谓灵活性，是指国债发行与否以及发行量的多少，一般由政府根据财政资金的余缺状况和社会承受能力灵活地加以确定，而非通过法律形式预先规定。国债的这一灵活性特点与税收的固定性有区别。

2. 国债的金融特征

国债属于财政范畴的同时，在现实中又是一种金融商品。国债作为一种特殊的债券，其特殊性主要表现在以下几个方面。

（1）安全性高

国债是政府发行的债务，由政府承担还本付息的责任，是国家信用的体现，在各类债券中，国债的信用等级通常被认为是最高的，投资者购买国债，是一种较安全的投资。

（2）流通性强

国债是一种政府的债务，它的发行量一般都非常大。同时，由于国债的信誉高，竞争力就比较强，市场属性好，所以，许多国家国债的二级市场十分发达。发达的二级市场为国债的转让提供了方便，使其流通性大大增强。

（3）收益稳定

投资者购买国债，可以得到一定的利息。国债的付息由政府保证，其信用度最高、风险最小，因此，对于投资者来说，投资国债的收益是比较稳定的。此外，假如投资者认购国债后到二级市场上转让，因国债的本息多数固定并有保障，所以其转让价格一般不会像股票那样容易出现大的波动，转让双方也能得到相对稳定的收益。

(4) 免税待遇

国债是政府的债务，为了鼓励人们投资国债，大多数国家规定对于购买国债所得的收益，可以享受税收上的免税待遇。这使国债与其他收益证券相比有了免税优势。比如，个人的利息、股息、红利所得应缴纳个人所得税，但国债利息可免缴个人所得税。

（二）国债的功能与经济效应

1. 债的功能

国债的功能是国债本身客观存在的属性，是不以人的主观意志为转移的内在功能。国债的功能与作用主要体现在以下几个方面。

(1) 弥补财政赤字

用发行国债来弥补财政赤字是国债产生的首要原因。弥补财政赤字一般有三种形式：增加税收，向中央银行透支或发行货币，举借国债。国债的自愿性、有偿性和灵活性特征，使得发行国债比用增税来弥补财政赤字更为简便，也避免了用透支或增发货币的办法来弥补财政赤字所造成的通货膨胀。同时，用发行国债弥补财政赤字可以让人们享受减税所带来的好处，人们乐于认购而且对未来的预期看好，有利于扩大投资和消费，尤其是在经济萧条时期，配合公共支出政策，对鼓励人们的信心和刺激需求大有裨益。我国在1994年以前，主要靠透支或借款的办法弥补财政赤字，这对前些年的通货膨胀有直接的影响。1994年以后，新的中央银行法规定，财政不得向银行借款或透支，从而确定了国债作为弥补赤字的主要手段。这有利于完善财政运行机制，调节财政与银行的关系，促进经济持续、稳定和快速发展。政府也可以采用增税和向银行透支的方式弥补财政赤字。但比较而言，以发行国债的方式弥补财政赤字，一般不会影响经济发展，可能产生的副作用也较小，原因在于：首先，发行国债只是部分社会资金的使用权的暂时转移，一般不会导致通货膨胀；其次，国债的认购通常遵循自愿的准则，基本上是社会资金运动中游离出来的资金，一般不会对经济发展产生不利的影响。当然，也不能把国债视为抑制财政赤字的"灵丹妙药"。

(2) 筹集建设资金

举债弥补赤字只是临时性的，扩大建设规模才是国债发行的主要目的。政府活动无论是提供公共产品，消除自然垄断，还是兴建基础设施，一般都是费用发生在前，而投资收益在后。用举借国债来筹措资金，在归还时用税收或新债来偿还，就可以把建设费用由现在转移到未来，由直接享受公共工程福利的人们承担建设费用，既公平又合理。在经济萧条时期，这项功能的作用越来越明显。一方面，通过举借国债用于基础设施建设，拉动了需求，促进了经济增长，还可以通过基础设施的辐射作用，带动相关行业的发展，引导产业结构优化和升级。另一方面，通过加强重点项目的经济建设，可以解决经济发展过程中的"瓶颈"问题，调整和优化经济结构，为经济的复苏和繁荣创造条件。

(3) 宏观调控

国债的宏观调控功能主要体现在以下两个方面。

①国债作为一种财政政策手段，可以发挥调节社会总供给与总需求的功能。从对社会总供给的影响来看，一方面，国债有利于增加社会总供给，不管是内债还是外债，只要运用有方，投入社会再生产过程，就能促进经济增长，扩大未来的社会产出，从而扩大社会供给总量。另一方面，用国债资金进行政府投资，可以调节投资结构、促进产业结构调整，优化供给结构。国债的宏观调控功能更主要表现在对社会总需求的调节上。一方面，国债能从多个角度调节社会需求总量，这表现在：第一，政府购买性支出是社会总需求的直接构成因素，而购买性支出的资金来源之一是国债收入；第二，国债利息的偿付可刺激非政府部门的消费需求和投资需求；第三，国债作为持有者的一种能增加财富的资产，将影响持有者的消费行为和投资行为，国债融资会刺激社会总需求。另一方面，当国债的来源和运用不同时，就会改变社会需求结构，即当个人或企业压缩现行消费或投资而购买国债时，政府就将个人的消费需求或企业的投资需求转化为政府的投资需求。因此，政府可以根据不同时期的经济状况，灵活地运用国债，以实现社会总供给和社会总需求在总量和结构上的平衡。据测算，1元国债投资就可拉动10元社会投资，由此可见，国债对促进国民经济持续快速健康发展发挥了重要作用。

②国债可作为货币政策工具，发挥调节经济的功能。国债不仅是财政政策手段，而且也是货币政策的工具。存款准备金、再贴现和公开市场业务被称为中央银行实施货币政策的三大法宝，其中，公开市场业务又是中央银行运用最频繁的日常管理手段。中央银行通过公开市场操作，买卖有价证券，吞吐基础货币，不仅可以有效地调节商业银行的流动性，而且还会对利率结构产生影响，从而影响整个社会的信用规模与结构。由于短期国债具有安全性好、流动性强的优点，成为各国中央银行进行公开市场业务的首选工具。中央银行通过在公开市场上买入或卖出国债，灵活地实施对经济的"微调"，即在经济过热、需要减少货币供应时，中央银行卖出国债，收回金融机构或公众持有的一部分货币，使市场利率升高，从而抑制经济的过热运行；当经济萧条、需要增加货币供应量时，中央银行便买入国债，增加货币的投放，使市场利率降低，以刺激经济。

2. 国债的经济效应

（1）国债的资产效应

国债的资产效应是指国债作为持有者的一种能增加财富的资产，国债余额的累积将影响持有者的消费行为。国债的资产效应与"国债错觉"的概念相联系。"国债错觉"是指消费者在持有国债时，认为自己的资产增加了，可能会增加消费。依据传统的宏观经济理论，总消费函数在国民收入决定中起着重要的作用，而且总消费被认为取决于当时的可支配收入和总财富。问题是人们所持有的国债是否被视为总财富的一部分。如果消费者将全部国债当作未来的纳税义务，这些债券就不能作为总财富的一部分；如果消费者没有意识到或者因某些原因并不去关心这些债券所含未来纳税义务的真实含义，这些债券就可作为总财富的一部分。这样，当以"国债错觉"的存在为前提时，国债就具有资产效应。以国债的资产效应为理论依据，国债被认为可以作为对付经济萧条的手段。由于国债的增加比税收的增加更能增加民间资产，这样，一方面，人们因感到富有了而可能会增加消费支出；另一方面，人们的劳动意愿可能随之下降而减少储蓄。因此，发行国债在经济萧条时具有扩大消费需求而稳定经济的作用。

（2）国债的挤出效应

国债的挤出效应是指国债的发行会引起非政府部门投资的相应减少，即发行国债而增加的政府支出挤出了非政府部门的部分投资。一方面，当政府国债发行收入中有来自民间准备用于投资的资金时，形成了对民间投资的直接"挤出"；另一方面，在整个经济运行的货币供应量不变的条件下，政府的国债发行实质上增加了市场上对货币的需求量，因而导致市场利率水平的提高，相应地抑制了民间对资金的需求，从而进一步导致民间投资的减少，这就是国债发行通过利率的上升间接挤出民间投资的情形。当然，国债的挤出效应是否发生及效应的大小，取决于一个国家的整体经济环境，包括民间投资经济能力、资本市场的发育状况以及投资对市场利率反映的敏感程度等。一般认为，当经济已经处于或接近充分就业状态时，政府发行国债会导致利率水平上升从而产生对私人投资的"挤出效应"；反之，当经济处于非充分就业状态，特别是在经济处于衰退或不景气时，国债的发行可以启动闲置的生产能力，则不易发生国债的"挤出效应"。

（3）国债的货币效应

国债的货币效应是指国债发行对货币供给量产生的影响，国债的货币效应因认购者的不同而有所区别。

①以居民或企业作为国债发行对象。居民或企业认购国债时，意味着货币资金由商业银行账户向中央银行账户转移；而当财政部门将发行国债所得收入用于支出时，则意味着

货币资金由中央银行账户向商业银行账户转移。前者表现为货币供给的总量收缩，后者表现为货币供给的总量扩张，两相抵消，不会增加或减少经济中的货币供给量。因此，一般认为，在向居民或企业发行国债时，对货币供给量的影响是中性的。

②以商业银行作为国债发行对象。当商业银行用超额准备金购买国债时，意味着货币资金由商业银行账户向中央银行账户转移，由于购买国债的超额准备金系商业银行原未动用的准备金，所以这一过程不会带来货币供给的总量收缩；而当财政部门将发行国债所筹集的货币资金使用出去的时候，货币资金又由中央银行账户向商业银行账户转移，这时则会带来货币供给的总量扩张。总的来看，商业银行用超额准备金购买国债会对货币供给量产生扩张性影响，而当商业银行用已收回的贷款或投资所得资金认购国债时，则与向居民或企业发行国债一样不会影响货币供给量。

③以中央银行作为国债发行对象。中央银行认购国债时，无论是从财政部门直接购买，还是从公开市场上间接买进，都会使财政部门的存款账户或商业银行存款账户上加记一笔数额相等的货币量，这意味着相应数额的基础货币被创造出来，并通过财政部门支用该笔货币资金或商业银行开展资产负债业务等活动而进入货币供给量倍数扩张的过程。因此，一般认为，由中央银行认购国债，对货币供给量会有扩张性影响。

二、国债发行与偿还

（一）国债发行

要实现国债顺利发行，需要把握国债的种类、发行价格及发行方式等，并遵循市场的原则。

1. 国债的种类

（1）按照国债偿还期限的长短

国债可分为短期国债、中期国债和长期国债。一般认为，偿还期限在1年以内的国债称为短期国债；偿还期限在1年以上10年以内的国债称为中期国债；偿还期限在10年或10年以上的国债称为长期国债。

（2）按照国债的流动性

国债可分为可转让国债和不可转让国债。可转让国债是指可在金融市场上自由流通买卖的国债。认购者在购入这种国债后，可随时根据本身的资金需求状况和金融市场的行情，将国债在市场上出售。不可转让国债是指不能在金融市场上自由流通买卖的国债。认购者在购入这种国债后，即使急需资金，也不能将其拿到金融市场上转让，兑付现金。目前，我国记账式国债可以流通转让，储蓄国债不可以流通转让。记账式国债是面向全社会各类投资者发行的国债，可以上市和流通转让，以电子记账手段登记，其期限包括短期、中期和长期。储蓄国债是主要面向广大居民个人发行的国债，不可以流通转让，但是可以提前兑取，其期限通常为3年或5年。

（3）按照国债的发行地域

国债可分为国内国债（以下简称"内债"）和外债。内债是政府以债务人身份向本国境内的居民或单位发行的国债。内债是一国国债的主要组成部分。外债是政府在国外举借的债务。从世界各国经济发展历史看，一国往往因本国游资有限，内债不敷需要，而向外国借债。外债是一国国债总额中不可或缺的组成部分，但所占比例要低于内债。

（4）按照发行凭证

国债可分为凭证式国债和记账式国债。有纸国债是有券面的实物国债；记账式国债则是记录债权人姓名、金额等事项，以账簿方式发行的国债。记账式国债是金融电子化的产物，是一种无纸化的国债，不需要像发行实物国债那样多的发行费用，而且记账式国债交割方便，发行期短，发行效率高，符合国债发行高效率、低成本的原则。

2. 国债的发行价格

受国债供求关系的影响，国债的发行价格围绕国债票面价值上下波动，会有平价发行、折价发行、溢价发行和贴现发行四种不同发行形式。

（1）平价发行

平价发行是指按国债标明的票面金额售卖，政府按票面金额取得收入，到期按票面金额还本。国债发行收入与偿还本金支出相等，有利于政府财政收入的计划管理和财政预算的顺利执行。

平价发行的前提条件是：①市场利率与国债发行利率差异不大；②政府信用良好，值得投资者信赖。市场利率与国债发行利率大体一致，除非利率处在政府管制之下。平价发行在发达的金融市场是不多见的。

（2）折价发行

折价发行就是按低于票面金额的国债发行价格售卖。政府按低于票面金额的折价取得收入，到期按票面金额还本。国债发行收入低于偿还本金的支出，这对于国家财政不利，甚至还会影响市场利率的稳定。

采取折价发行的原因在于，国债票面利率低于市场利率，为弥补认购者因此而遭受的损失而以折价形式作为补偿，或者是由于发行任务较重，为了鼓励认购国债，以折价形式作为认购者的额外收益，以保证国债的顺利发行。

(3) 溢价发行

溢价发行就是按高于票面金额的国债发行价格售卖，政府按高于票面金额的溢价取得收入，到期按票面金额还本，国债发行收入高于偿还本金的支出。溢价发行比较有利于国家财政。但溢价发行偿还期长，利息支出有可能与收入相抵，不利于未来财政收入的计划管理和财政预算的顺利执行，另外也有损于国家信用，不利于今后国债的发行。

采取溢价发行的原因在于，在国债票面利率高于市场利率，其所得足以补偿溢价发行差价的条件下，认购者认为有利可图，溢价发行能够顺利进行，或者在预期市场利率下降的情况下，为了减少国家财政偿还利息的支出，采取溢价发行，可以提前取得价差收入以缓解未来的高息负担。

需要说明的是，折价发行或溢价发行必须要与市场化的发行方式相配套，引入竞争招标方式，吸引承销机构和投资者，确定折价或溢价的合理范围。

(4) 贴现发行

贴现发行是按贴现利率计算出贴现利息，用票面金额扣除贴现利息后的国债发行形式，国债到期时，按票面金额兑付，不再计算利息。贴现发行虽然也是以低于票面金额的价格出售国债，但它不等于折价发行。折价发行按票面金额兑取本金时还要取得利息，发行时的折价只是作为损失的补偿或者额外收益；贴现发行则只按票面金额兑付，发行时的"折价"即为政府提前所付的利息。

3. 国债的发行方式

(1) 承购包销方式

所谓承购包销方式，是由拥有一定规模和较高资信的中介机构组成承购包销团，按一定条件向财政部门直接承购包销国债，并由其负责在市场上转售，未能售出的余额均由承销者自行认购。承购包销方式的特征是：第一，这种方法通过承销合同确定财政部门与承销团体的权利和义务，双方不是代理关系而是买卖关系，两者在确定发行条件方面是平等的，承销团体承担推销的风险。第二，发行价格和利率一般由政府与承销团体通过讨价还价协商决定，或由政府根据市场价格和利率单方面决定，较为符合资金的市场供求状况。目前，日本、德国、加拿大等国比较多地采取这一方式，这也是我国 20 世纪 90 年代中后期的主要发行方式之一。

(2) 公募拍卖方式

公募拍卖方式也称公开招标方式，是指财政部门事先不规定国债的发行价格或发行利率，由投标人直接竞价，然后财政部门根据投标所产生的结果来发行国债。中标者既可以按一定的价格向社会转售，也可以自己持有国债成为国债认购者。公募拍卖方式根据所竞标的物的不同，分为价格招标和收益率招标。价格招标是指以国债的发行价格作为标的物的招标发行方式。在价格招标方式下，国债的利率与票面价格之间的联系固定不变，投标者根据固定利率及对未来金融市场利率变化的预期进行投标，投标价格可低于面值，也可高于面值。所有中标者根据各自不同的投标价格购买国债的招标方式称为"英国式招标"，所有中标者都按统一价格购买国债的招标方式称为"荷兰式招标"。收益率招标是指以国债的实际收益率为标的物的招标发行方式。在收益率招标方式下，财政部门只确定发行规模和票面价格，发行国债的收益率由投标者投标确定，财政部门从报出的最低收益率开始依次选定认购者，直至完成预定的发行量。

(3) 直接发行方式

直接发行方式亦称承受发行法，是指由财政部门直接与认购者谈判出售国债的推销方式。直接发行方式的主要特征是：第一，推销机构只限于政府的财政部门，如财政部，由它们直接与认购者进行交易，而不通过任何中介或代理机构。第二，发行对象主要限于机构投资者，如商业银行、储蓄银行、保险公司、社会保障基金等。第三，发行条件通过直接谈判确定，即在国债销售之前，由政府召集各机构投资者分别就国债发行的利息率、出售价格、偿还方法、期限等条件进行谈判并协商确定。直接发行方式主要用于某些特殊类型国债的推销。

(4) 连续经销方式

也称"随买"方式。所谓连续经销方式，是指财政部门通过金融机构或邮政系统的网点持续卖出国债的方式。连续经销方式的特征是：第一，财政部门与金融机构或邮政系统是一种代理关系，财政部门按代销额的一定比例向代理销售机构支付委托手续费，代理销售机构不承担任何推销的风险。第二，发行条件可以灵活调整，即发行之前政府不预先规定国债的发行利率和发行价格，而是可以在经销期中根据市场行情变化相机决定。第三，经销期限不限定，代理销售机构可以持续经销，直至完成预定的发行数量。

从实践来看，各国很少只采用一种国债发行方式，往往是几种方式并用，即采取所谓的组合发行方式。

(二) 国债偿还

国债的偿还需要有明确的资金来源以及合理的偿还方式。

1. 国债偿还的资金来源

(1) 财政结余

财政结余是国家预算执行结果收大于支的余额，即预算盈余。以财政结余作为偿债资金的来源，就是用上年的财政结余来支付本年应偿还的国债本息。事实上，财政结余是一种潜在的偿债资金来源，现实可行性并不大。首先，从财政结余的使用方向上看，财政结余一般首先用于财政储备，弥补投资不足，兴办社会事业等，偿还国债并不是财政结余的第一位的使用方向。其次，财政结余作为偿债资金的来源，每年能够偿还国债本息的规模直接取决于财政是否结余和结余多少。当今世界多数国家政府都存在财政赤字，很少出现财政结余的年份，以财政结余作为偿债资金来源，在许多国家已经没有多少现实意义。

(2) 国有资产的投资收益

国有资产的投资收益也可作为政府偿债资金的来源。这是因为，从资源配置效率的要求出发，资源使用的受益者应该同时也是其成本的承担者。这样，如果政府举借国债投资于某一工程项目，而这一工程项目又能为政府获得直接的资金收入，那么，政府就应该把这种投资收益作为政府偿债资金的来源，用这种收入还债。如果政府举借国债向社会提供的是某种公共产品（尤其指准公共产品），它并不会给政府带来直接的资金收入，在此情况下，为了符合享受利益与承担成本的一致性原则，政府就可以向公共产品（尤其指准公共产品）的利益享受者收费，以这部分的收入作为偿债的资金来源。

(3) 偿债基金

偿债基金是一种政府设立的专门用于偿还债务的资金。政府每年根据预算安排，从国库中拨出一部分资金，用以收买国债。如果买回的国债未到期，仍然计算利息，此项利息连同次年国库新拨出的资金一起再并入偿债基金之中，继续收买国债。这样可以通过复利积累，使债务不致对政府形成太大的压力，甚至可以提前偿清债务。在国债尚未还清之前，每年的预算拨款不能减少，以逐年减少债务。因此，偿债基金又称为"减债基金"。设立偿债基金为国债的偿还提供了稳定的资金来源，可以平衡各年度的偿债负担，使偿债能够有计划地进行。从短期看，设立偿债基金会减少政府当期的可支配收入；从长期看，国债发行和偿还连年滚动，偿债基金可以起到均衡各年偿债负担的作用。从债务管理角度而言，建立偿债基金后，可以把债务收入和支出从正常预算收支中独立出来，便于更好地对债务资金的使用效果进行管理和监控。

2. 国债还本付息的方式

因国债的种类不同，其还本付息的方式也不尽相同，下面重点介绍几种国债的还本付息方式。

(1) 期满一次偿还法

期满一次偿还法又称一次性还本付息法，即按照国家发行时约定的偿还期限，到期后一次偿还全部本息的一种偿还方法。采用期满一次偿还法的优点是国家债券还本管理工作

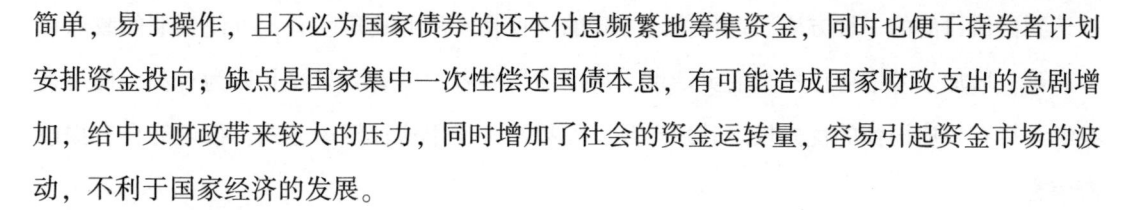

简单，易于操作，且不必为国家债券的还本付息频繁地筹集资金，同时也便于持券者计划安排资金投向；缺点是国家集中一次性偿还国债本息，有可能造成国家财政支出的急剧增加，给中央财政带来较大的压力，同时增加了社会的资金运转量，容易引起资金市场的波动，不利于国家经济的发展。

（2）抽签分步偿还法

抽签分步偿还法，是指在国债偿还期内，分年度确定一定的偿还比例，由国家对中央政府的债券还本采取定期专门抽签的方法，确定各次归还债券的号码，如约偿还，直到偿还结束，全部国债中签偿清为止的一种方式。抽签分为一次性抽签和分次抽签两种。一次性抽签是对国家发行的某个时期债券，在它到期前的某个时间举行抽签仪式，集中把各个年度每次还本债券的号码全部抽出来，通过新闻媒介或其他方式将中签号码公布，通知债券持有者。分次抽签是对国家发行的某个时期的国债，按分批还本的次数定期抽签，以确定还本债券的号码，分几批还本就分几次抽签。

（3）分期还本偿还法

分期还本偿还法，是指中央政府对一种债券规定几个还本期，每期按一定比例还本，直至债券到期为止，本金全部偿还完毕。例如，5年期的国家债券分次在5年内偿还，每年偿还1/5，即票面额100元的国家债券持有人可以每年从中央政府收回20元，到5年期限结束收回全部本金100元。分期还本偿还法可以分散国债偿还对国库的压力，避免集中偿还可能给中央财政带来的困难，对政府发行的国债产生一种较强的债务约束；同时，分期还本偿还法还可以满足投资者对不同流动性的需求。但该方法由于在国债发行之初就规定了偿还顺序及额度，是强制性偿还制度下缺乏灵活性的一种还本付息方法；同时，由于国债偿还期限不同，收益率也会不同，从而人为造成债券市场价格的不稳定；而且该方法手续繁杂，工作量大，对偿债机构和债券持有者都不方便，故较少采用。

（4）提前偿还法

提前偿还法又称市场购销偿还法或买销法，是中央政府在市场上按照国债行市，适时购进国债，以此在该债券到期前逐步清偿，以致这种国债期满时，已全部或绝大部分被中央政府所持有。该方法实际上是以间接方式进行的还本付息，因而又称间接偿还法。它主要适用于各种期限的上市国债，并以短期国债为主，而且一般以自由性偿还制度为前提。在自由性偿还制度下，政府可以相机从债券市场上选择合适的国债种类，以市场价格适量购入。

（5）以新替旧偿还法

以新替旧偿还法又称"调换偿还法"，是指政府以发行的新国债替换到期的旧国债，以达到偿债目的的一种方法。这种偿还方式的优点是,从财政角度看,可使到期的政府债务后延,增加了筹措还债资金的灵活性;从国债持有者角度看,只要其认为有利,便可拥有继续持有政府国债的优先权。其缺点是,如果经常使用这种偿还方式,很可能会有损政府信誉。

三、国债市场及其功能

(一) 国债市场

国债市场是政府通过证券市场发行和买卖国债的场所。按照国债交易的层次或阶段,国债市场可分为国债发行市场和国债流通市场。国债发行市场是指国债发行场所,又称国债一级市场或初级市场,是国债交易的初始环节,一般是发生在政府与证券承销机构如银行、金融机构和证券经纪人之间国债的交易。国债流通市场又称国债二级市场,是国债交易的第二阶段,一般是发生在国债承销机构与认购者之间的交易,以及国债持有者或政府与国债认购者之间的交易。

国债发行市场与流通市场是紧密联系,相互依存,互相作用的。一方面,国债发行市场是国债流通市场的基础和前提。任何种类的国债,都必须在国债发行市场上发行,否则政府就无法实现预订的筹资计划,投资者也就无处认购国债。同时,国债发行市场上国债的发行要素,如发行方式、发行时间、发行价格、发行利率等,对国债流通市场上国债的价格及流动性都会发生重大影响。另一方面,国债流通市场的交易又能促进国债发行市场的发展。首先,国债流动性的高低,直接影响和制约着国债的发行。国债流通市场为发行国债提供了便利交易,使国债的流动性有了实现的可能,有利于国债的发行。其次,国债流通市场上形成的国债价格以及流动性的强弱,是决定国债发行市场上新发行国债的规模、条件、期限的重要因素。例如,在发行条件一定的情况下,流通中的国债价格高、收益率低,则新债发行比较容易;反之,新债发行就相对困难,这时要保证新债发行顺利,其利率应相对提高。理想的国债市场体系应既有利于政府降低发行成本,又有助于投资者降低变现成本,这就要求国债的发行市场与流通市场有机地衔接起来,实现发行与交易一体化。

1. 国债发行市场

国债发行市场,在狭义上,是指国债发行者将新国债销售给投资者的场所;在广义上,则是泛指实现国债销售的完整过程。国债发行市场的组成要素有市场主体、市场客体和市场运作形式。市场主体,即国债发行市场的参与者,包括发行者、投资者、中介机构等。市场客体是指国债发行市场买卖的对象,即新国债。通常情况下,国债的发行者与国债的投资者之间并不发生直接联系,一般是通过国债发行的中介机构来完成国债的发行和认购。国债发行的中介机构主要包括银行、证券公司和经纪人等,由他们首先承购国债,然后再向投资者出售。

世界各国较为公认的一个规范的国债发行市场应该包括这几个方面:第一,利率水平的确定通过市场供求调节。市场资金的多少是相对的,利率可以调节资金的供求。利率在市场中表现为债券的价格,利率高时,债券价格低;反之,利率低时,债券价格高。当利率水平处于供需曲线的交点时,则可用最低的成本筹集到最大数量的资金。第二,以机构为承销或投标的主体。直接向个人发行,发行环节多,发行时间长,发行成本高,因此,个人不宜作为发行的主体,很多国家只在发行储蓄债券时使用这种方式。大多数国家主要是向银行和其他中介机构发行,个人主要在二级市场上购买国债。第三,有机构投资人的参与。机构投资人具有资金稳定、投资期限长等特点,最适合购买国债。由机构投资人直接投资国债,可以降低成本,延长国债的期限。

2. 国债流通市场

国债流通市场,狭义上是指国债持有者将其持有的已发行、未到期的国债转让给新投资者的场所;广义上,国债流通市场不仅仅指转让国债的有形柜台,而且泛指完成国债转让的整个过程。按照国债流通市场的组织形式可将其划分为场内市场和场外市场两类。

场内市场专指证券交易所内的国债交易,交易主体主要有证券经纪商和证券交易商等。证券经纪商代理客户买卖债券,赚取手续费,不承担交易风险;证券交易商为自己买卖债券,赚取差价,承担交易风险。国债的转让价格是通过竞争形成的,交易原则是"价格优先"和"时间优先"。场内市场交易的特点包括:一是有集中、固定的交易场所和交易时间;二是有较严密的组织和管理规则,包括自律性的管理机构和管理制度及从业人员;三是采用公开竞价交易方式,是持续性的双向拍卖市场;四是有完善的交易设施和较高的操作效率。我国目前场内市场由上海证券交易所和深圳证券交易所组成,参与者主要是证券公司和信托机构。

场外市场是相对于场内市场而言的,泛指在证券交易所以外的市场进行的债券交易。场外市场交易的证券大多为未在交易所挂牌上市的证券,也包括一些上市证券。场外市场是不固定交易场地和交易时间的无形市场,在场外市场上,投资人之间直接或间接(通过经纪人)采用协商议价的方式进行交易。场外市场的优点有:一是交易规则灵活,手续简便,为个人投资者投资于国债流通市场提供更方便的条件,可以吸引更多的个人投资者;二是交易的覆盖面和价格形成机制不受限制,方便中央银行进行公开市场操作;三是有利于商业银行低成本、大规模地买卖国债;四是有利于促进各市场之间的价格、收益率趋于一致。

国债流通市场存在的典型交易方式包括:第一,国债现货交易。这是指交易双方在成交后立即交割或在极短的期限内办理交割的一种交易方式。其作用在于,一方面可满足购买者的投资需要,另一方面可满足卖出者的变现需求。第二,国债期货交易。这是指以标准化的国债期货合约为交易对象的交易方式。交易者可以通过套期保值的方式规避因利率、通货膨胀等因素引起的国债价格波动的风险。所谓套期保值,是指投资者同时在期货市场和现货市场上进行数量相等、买卖方向相反的交易,通过预先"锁定"收益的方式来达到降低风险、减少损失的目的。第三,国债回购交易。这是指国债持有者在卖出一笔国债时,约定于未来某一时间以事先约定的价格再将等量的该种国债买回的交易方式。与这一程序相反的交易,则称作逆回购交易。国债回购交易实际上是以国债为担保物,期限在一年以内的一种短期资金融通。

(二) 国债市场的功能

总体来说,国债市场主要具有两种功能:一是实现国债的发行与偿还;二是合理有效地调节社会资金的运行,提高社会资金效率。通过国债市场,国债持有者持有国债到期不仅能收回本金,而且还能获得利息。通常,国债市场在金融方面衍生出的作用主要体现在以下几个方面。

第一,国债市场是一个基准性市场。对于金融市场来说,国债是一种基准性金融产品,其利率是市场的基准利率,国债市场是整个金融市场的基础,它提供了一种无风险的资产,成为全部金融上层建筑的基础,一切金融工具都依据它进行套算和操作,各个经济主体要凭借它来进行风险对冲。另外,国债市场上形成的利率期限结构,会成为全社会利率结构的一个基础,这个功能是其他金融市场都不可替代的。

第二,国债市场是中央银行实施公开市场业务的场所。对于中央银行来说,国债是其实施货币政策的主要操作对象,国债市场是其贯彻实施货币政策的主要渠道和场所。目前,大部分市场经济国家的中央银行基本上放弃存款准备金、再贴现等货币政策工具,主要是依靠买进卖出国债的公开市场操作实施货币政策,而公开市场操作要有效和富有弹性,就必须有一个相当大规模的国债市场存在。只有拥有一个成熟和具备一定规模的国债市场,在国内经济出现通货膨胀或通货紧缩时,中央银行手中才会有可供用来作"对冲"操作的工具和手段去调节货币的供应。

第三,国债市场为金融机构、工商企业和居民资产提供流动性。对于金融机构来说,发达的国债市场是其实施流动性管理的一个基础。金融机构发现，要想在经济的原则上有效地管理自己的资产和负债，其持有的资产中必须有相当份额的高流动性、无风险的资产，这种资产非国债莫属。工商企业要实现稳健经营，必须要有手段来防范风险，要能够让暂时不用的资金得到运用，同时，在今后可能需要临时性资金的时候能够立刻获得，因而持有相当份额具有高流动性的国债资产非常必要。对于居民来说，一个具有深度和广度的国债市场，是他们建立有效的投资组合，进行风险防范的前提条件。

第四，对政府财政部门来说，存在一个有效的国债市场，毫无疑问会有效地降低政府的筹资成本。

（三）我国国债市场的完善

1. 进一步优化国债发行

随着国债发行的日益市场化与电子化，各项手续费将会逐步降低，乃至取消，因此，国债发行利率期限结构优化将成为国债筹资成本优化的主要内容。这具体包括两方面的内容：一是在市场利率处于较低水平或逐步上升时，应发行期限较长的债券，其期限最好长到市场利率恢复到现有水平；在市场利率处于较高水平或逐步下降时，应发行期限短的债券或利率随市场利率浮动的债券。二是发行国债应尽可能安排在银行降息之后与银行加息之前，这样可大大降低筹资成本。

2. 打通银行间市场和交易所市场，建立统一的国债市场

目前，国债市场的分割格局不利于国债功能的发挥，也是国债市场进一步发展的阻碍。建立统一的国债市场，关键在于实现国债在银行间债券市场和交易所两个市场的联通和自由流动，上市交易的国债均可在中央国债登记结算有限责任公司进行统一托管和结算，应允许商业银行进入交易所市场买卖债券，在债券市场上形成以银行间债券市场为场外市场，沪深交易所市场为场内市场的格局，让投资者根据自己投资需要和交易偏好自主选择，而不是由某个主管部门人为分割。

3. 建立完善国债做市商制度

国债做市商是国债场外市场上的一种特殊交易商，他们不间断地在其愿意的水平上报出国债的买入价和卖出价，并在其他交易商要求以其报出的价格交易任何数量的该种国债时保证随时成交。从国外经验来看，在发达的场外市场中，做市商制度对于增加市场流动性、形成价格发现机制、稳定市场波动等发挥了举足轻重的作用。针对我国国债市场现状，应由国债发行单位和市场监管部门共同制定做市商制度，选择有真实交易行为又有一定交易量的机构为做市商,明确做市商考核、融资融券、承销便利等相关问题,从而充分发挥做市商的作用,鼓励对国债进行做市。

4. 引入国债衍生产品,活跃市场,提高国债市场的流动性

国债品种的多样化是增强国债流动性的重要途径,也是国债市场进一步发展的前提。国际经验表明,国债期货市场提供给投资者的有效风险管理途径,能够平抑现货市场价格波动,并对市场繁荣、流动性增强有很大促进作用。在保证国债市场健康发展的基础上,我国应该有计划、有步骤地引入国债衍生产品,要适时开办国债远期交易和国债期货交易。近年来,随着监管能力的不断加强以及债券市场容量迅速扩大,各方面的形势与几年前相比有很大区别,选择适当时机恢复国债期货交易应列入可行性研究之内。

第二节 国家预算

一、国家预算的概念、组成与形式

(一) 国家预算的概念

国家预算是指经过法定程序编制、审批的国家年度财政收支计划。它是以收支一览表形式表现的、具有法律地位的文件,是国家财政实现计划管理的工具。从形式上看,国家预算是按一定标准将财政收入和支出分门别类地列入特定的表格,可以反映国家支配的财力规模和来源以及国家财力分配使用的方向和构成。从实际经济内容来看,国家预算中反映着政府的方针与政策,从根本上决定着国家活动的范围和方向。通过国家预算可以有计划地组织财政收入和合理地安排财政支出,贯彻执行国家的方针政策,保证各项收支任务的圆满完成,因此,国家预算是财政实现计划管理的工具。

国家预算是政府调节经济的重要手段,市场经济运行表现出周期性波动的特点,国家预算在为国家筹集分配财力的同时,作为调节和控制社会经济活动过程的重要经济杠杆,能够保证市场在国家宏观调控下对资源配置起基础性调节作用,促使经济持续、稳定发展。

(二) 国家预算的组成

国家预算的组成是指国家预算体系的组成环节。我国国家预算的组成,是与我国国家政权结构和行政区域的划分密切相联系的,原则上凡属一级政权都应有一级预算。目前,我国国家预算由中央预算和地方预算组成。地方预算由省(自治区、直辖市),市(设区的市、自治州)、县(自治县、不设区的市、市辖区),乡(民族乡、镇)四级预算组成。不具备设立预算条件的乡(民族乡、镇),经省、自治区、直辖市政府确定,可以暂不设立预算。

从预算内容的分合关系来看,国家预算分为总预算和单位预算。总预算由本级政府预算和汇总的下一级总预算组成,如我国的省总预算是由省本级政府预算和其所属县(设区的市、自治州)总预算组成的。单位预算是指列入部门预算的国家机关、社会团体和其他单位的收支预算,它以资金形式反映着预算单位的各项活动。

(三) 国家预算的形式

1. 单式预算和复式预算

按照国家预算编制的形式分类,国家预算可以分为单式预算和复式预算。

单式预算是传统的预算编制形式,它是指在预算年度内,将全部财政收支统一编在一个总预算内,而不再按各类财政收支的性质分别编制预算。复式预算是指年度内将全部财政收支按经济性质分别编成两个或两个以上的预算,通常分为经常预算和资本预算两个部分。《中华人民共和国预算法》(以下简称《预算法》)规定,国家预算按照复式预算编制,分为经常性预算和建设性预算。借鉴发达国家实行复式预算的经验,我国复式预算的目标模式是将由经常性预算和建设性预算组成的复式预算改为由政府公共预算、国有资产经营预算、社会保障预算和债务预算组成的复式预算体系。

单式预算和复式预算具有不同的特点和作用。从对财政活动的反映程度看,单式预算具有全面性和综合性,可以较为明确地反映财政活动的总体情况,更符合统一性和完整性的预算原则;其缺点是没有按财政收支的经济性质分别编列和平衡,看不出各项收支之间的对应平衡关系,特别是不能反映经济建设工程效益的具体情况,不利于进行宏观调节与控制。复式预算正好相反,虽然其总体功能较弱,但对收支结构和经济建设工程状况的反映则较为明确,可以根据财政收入的不同性质,分别进行分析与管理,有利于国家职能的分离,有利于提高财政支出的经济效益,有利于实行宏观决策和管理。从操作过程来看,单式预算简洁、清楚、全面,编制和审批也比较容易;复式预算科学、严谨,便于政府对财政活动进行分析,有利于对收支的控制。

2. 零基预算和增量预算

按照国家编制预算依据的内容不同,国家预算可以分为零基预算和增量预算。

（1）零基预算

零基预算是指在编制预算时，不考虑以前年度的收支执行情况，对原有的各项开支都要重新审核。零基预算的核心是打破基数加增长的预算编制方法，预算项目及其金额的确定不受以往年度"既成事实"的限制，强调一切从计划的起点开始，从合理性和可能性出发，改进本年度预算执行过程中花钱不当或方法不妥的地方，有利于加强预算管理，提高预算的科学性。但零基预算要求高，耗时长，工作量大，若运用不够得当，就不能排除不合理因素的影响，不利于调整利益格局和发挥预算职能。

（2）增量预算

增量预算是指在编制预算时，预算年度的财政收支指标以上年财政收支执行数为基础，再考虑新的年度国家经济发展情况加以调整确定。增量预算的最大特点是保持了国家预算的连续性，但是随着财政收支规模的不断扩大，这种方法可能会导致当期预算不科学，预算调整过多、约束性差等一系列问题。

二、国家预算的编制、审批、执行和决算

（一）国家预算的编制

编制国家预算是一件复杂而又细致的工作，并且具有重要的政治经济意义。因此，在正式编制国家预算之前，需要做好一系列的准备工作。这一系列的准备工作主要包括：一是对上年度预算执行情况进行分析；二是拟定计划年度预算控制指标；三是颁发编制国家预算草案的指示和具体规定；四是修订预算科目和预算表格。

各级政府、各部门、各单位应当按照国务院规定时间编制预算草案。中央预算和地方各级政府预算，应当参考上一年预算执行情况和本年度收支预测情况，按照复式预算进行编制。

各级预算收入的编制，应当与国民生产总值的增长率相适应，按照规定必须列入预算的收入，不得隐瞒、少列，也不得将上年的非正常收入作为编制预算收入的依据。各级预算支出的编制，应当贯彻厉行节约、勤俭建国的方针，统筹兼顾，保证重点，在保证政府公共支出合理需要的前提下，妥善安排其他各类预算支出。各级政府预算支出中应安排必要的资金，用于扶助老、少、边、穷地区发展经济文化建设事业；应当按照本级政府预算支出额的一定比例设置预备费，用于当年预算执行中的自然灾害救灾开支及其他难以预料的特殊开支；应当按照国务院的规定设置预算周转金。

(二) 国家预算的审批

国务院应当及时下达关于编制下一年度预算草案的指示，具体事项由财政部门部署。各省、自治区、直辖市政府应按国务院规定的时间，将本级总预算草案报国务院审核汇总。预算审批主要经过以下几个阶段：第一，财政部门审核阶段。该阶段审核的内容主要包括预算收支是否有赤字，预算收支科目是否正确，预算收入测算是否准确，预算支出是否有缺口，汇总的部门预算数是否与财政部门下达的预算支出控制数一致等。第二，政府官员审核阶段。部门预算编报完后，财政部门应将汇总的部门预算和各部门报来的部门预算送政府审批，然后送交人民代表大会初审。第三，人民代表大会审核阶段。各级政府财政部门应在每年本级人民代表大会会议举行的一个月前，将本级预算草案的主要内容提交本级人民代表大会的专门委员会进行初审。各级政府在本级人民代表大会举行会议时，向大会做关于预算草案的报告。预算草案经由人民代表大会审查批准，方能成立。其中，中央预算由全国人民代表大会审查和批准，地方各级政府预算由本级人民代表大会审查和批准。第四，预算批复阶段。各级政府预算经本级人民代表大会批准后，本级政府财政部门应当及时向本级各部门批复预算，各部门应当及时向所属各单位批复预算。财政部要在人民代表大会通过预算后的30天内批复中央部门预算，各部门要在财政部批复部门预算15天内批复所属单位预算。

(三) 国家预算的执行

预算经过批准以后，就进入预算的执行阶段。预算执行是指组织预算收支任务实现的过程，包括组织预算收入、拨付预算支出资金、动用预备费和周转金以及预算调整等内容。

各级预算由本级政府组织执行，具体工作由本级财政部门负责，并按各项预算收入的性质和征收方法，分别由财政、税务、海关等部门负责征收和管理。预算收入征收部门必须依法及时、足额征收应征的预算收入。有预算收入上缴任务的部门和单位，必须依照法规的规定，将应上缴的预算资金及时、足额地上缴国库。各级财政部门必须依照法规的规定，及时、足额地拨付预算支出资金，并加强管理和监督。预算支出的执行由各支出机关具体负责组织，财政部门处于主导地位，其主要工作是按照预算的要求和组织预算执行的需要制定相关的法规政策和制度，根据部门预算，编制用款计划并按计划拨付资金，提高资金的使用效率等。

县以上各级预算必须设立国库。国库是国家金库的简称，是国家财政资金的出纳、保管机构，负责办理预算收入的收纳、划分、留解和预算支出的拨付业务。中央国库业务由中国人民银行办理，地方国库业务依照国务院的有关规定办理。

各级政府预算预备费的动用方案，由本级政府财政部门提出，报本级政府决定。各级政府预算周转金由本级政府财政部门管理，用于预算执行中的资金周转，不得挪作他用。

预算调整是预算执行中的一项重要工作，是组织新的预算收支平衡的一个重要方法。所谓预算调整，是指经过批准的各级预算，在执行中因特殊情况需要增加支出或者减少收入，使原批准的收支平衡的预算的总支出超过总收入，或者使原批准的预算中举借债务的数额增加的部分变更，包括动用预备费、预算的追加追减、经费流用和预算划转等。预算调整应当由各级政府编制预算调整方案，并须提请各级人民代表大会常务委员会审查和批准，未经批准，不得调整预算。各部门、各单位的预算支出应当按照预算科目执行。不同预算科目间的预算资金需要调剂使用的，必须按照国务院财政部门的规定报经批准。

（四）国家预算的决算

决算是预算执行的总结和终结。决算草案由各级政府、各部门、各单位，在每一预算年度终了后按照国务院规定的时间编制，编制决算草案的具体事项由国务院财政部门部署。编制决算草案，必须符合法律、行政法规的规定，做到收支数额准确，内容完整，报送及时。决算草案的上报和审批同预算草案的上报和审批程序相同。各级政府决算经批准后，财政部门应当向本级各部门批复决算，地方各级政府应当将批准的决算报上一级政府备案。

三、复式预算

（一）政府公共预算

这是反映国家以社会管理者身份取得的收入和用于维持政府公共活动，保障国家安全和社会秩序等方面的支出的预算。政府公共预算收入包括各种税收、规费、罚没收入等。政府公共预算支出包括公益性基建支出、各项事业发展支出、行政国防支出、价格补贴支出、国内外债务利息支出等。政府公共预算坚持收支平衡，略有结余原则。

政府公共预算的分配主体是作为社会管理者的政府，分配的目的是满足社会公共需要；分配的手段是依靠政治权力经由非市场的渠道进行分配，具有强制性和无偿性；分配的形式是以税收收入为主要收入，并安排各项具有公共需要性质的支出，其中包括经费性支出和公共投资性支出，因而公共预算从性质上看是供给性预算。

（二）政府性基金预算

政府性基金预算是国家通过向社会征收以及出让土地、发行彩票等方式取得收入，并专项用于支持特定基础设施建设和社会事业发展的财政收支预算，是政府预算体系的重要组成部分。编制政府性基金预算，对于提高政府预算的统一性和完整性，增强预算的约束力和透明度，更好地接受人民代表大会和社会监督，具有十分重要的意义。

（三）国有资产经营预算

这是反映国家以国有资产所有者身份取得的收入以及国家用于国有资产经营和经济建设的资本性支出情况的预算。经营性国有资产的主要特征是具有营利性而不是公共性。国有资产经营预算收入主要包括政府公共预算结余转入、经营性国有资产收益、资源性国有资产收益、各种建设性专项基金收入、基本建设贷款归还收入、固定资产投资方向调节税、资源税等。国有资产经营预算支出主要包括经营性基建支出、增拨流动资金、国企资本金的注入、支援农业生产性支出、国有企业生产性亏损补贴、支援不发达地区发展资金等。

国有资产经营预算所包含的分配主体是作为生产资料所有者代表的政府，它以国有资产的宏观经营并取得宏观经济效益为分配目的，以资产所有权为分配依据，并以竞争性市场为其活动范围，其收支内容基本上是围绕着对经营性国有资产进行价值管理和分配形成的。因此，国有资产预算属于经营性预算。

（四）社会保障预算

这是国家用来反映社会保障收支及各项社会保障基金投资运营情况的预算，一般可分为"板块式"社会保障预算方案和"一揽子"社会保障预算方案。"板块式"社会保障预算方案是将各种社会保障基金收支及结余单独编制预算，一般性税收收入安排的社会保障支出在政府公共预算中单独编列反映的方案。"一揽子"社会保障预算方案是将一般性税收收入安排的社会保障支出和各项社会保障基金收支作为一个有机整体，编制涵盖内容全面的方案。

从我国国情来看，我国宜采用"一揽子"社会保障预算方案，其优点是能全面反映社会保障资金收支情况和资金规模以及结余投资及调剂资金的使用情况，能体现国家整体的社会保障水平，可以对社会保障的资金需求作出全面、统一的安排，有利于社会保障事业的协调发展，有利于减轻财政负担。

四、部门预算

(一) 部门预算的内涵

部门预算改革始于 21 世纪初期,是当前我国财政改革的主要内容。部门预算是以部门为依托,反映部门所有收入和支出的预算。部门预算由政府各部门编制,各部门预算由本部门所属各单位预算和本部门机关经费预算组成。编制部门预算要求各部门按照财政部门的统一规定和标准表格,全面、系统、准确地将本部门一般预算收支情况、基金收支情况以及预算外收支情况等都编入部门预算,即部门的所有开支都要在预算中加以反映,预算中没有列出的项目不得开支。作为财政预算管理的基本组织形式,部门预算的基本含义包括:一是部门是预算编制的基础单元,因而财政预算从部门编起,从基层单位编起;二是财政预算要落实到每一个具体部门,一个部门一本预算,改变财政资金按性质归口管理的做法,财政将不同性质的财政性资金统一编制到使用这些资金的部门;三是部门本身要有严格的资质要求,限定那些与财政直接发生经费关系的一级预算单位为预算部门。部门预算可以说是一个综合预算,既包括一般预算收支计划,又包括政府基金预算收支计划;既包括正常经费预算,又包括专项支出预算;既包括财政预算内拨款收支计划,又包括财政预算外资金收支计划。

(二) 传统的按功能编制预算的弊端

1. 部门没有一本完整的预算,缺乏统一性

传统预算只包括预算内资金,大量的财政性资金没有纳入预算管理,致使预算内容不完整。另外,传统预算在财政部门只是一个机构对若干部门同一性质的经费的管理,但实际上财政部门并不了解这些部门全部预算资金的使用情况。

2. 预算编制粗糙,缺乏有效监督机制

传统预算中财政资金采用"切块"管理,财政部门只知道划拨给一级财务单位的资金是多少,而基层单位划拨多少财政资金及用在何处的情况,财政部门并不掌握。传统的预算编制方法主要采用"基数加增长"的方法,导致单位之间分配不公,影响了财政支出效率。

3. 预算资金分配权分散

传统预算中一个部门的事业费、基建费等可以来自不同的渠道,由不同的部门管理,资金分配权没有集中到财政部门,导致资金管理分散,不利于财政资金使用效率的提高。

4. 预算约束软化，追加追减情况时有发生

传统预算编制方法在编制形式等方面还不能完全符合《预算法》的要求，普遍采用代编预算方式的弊端，预算编制的法律性不强。

（三）编制部门预算的重要意义

1. 编制部门预算有利于提高国家预算的透明度

编制部门预算，可以体现出国家预算的公开性、可靠性、完整性和统一性原则，可以防止预算分配中的不规范行为和人为的随意性，有利于防止腐败，加强廉政建设。

2. 编制部门预算有利于提高预算的管理水平

编制部门预算，使预算编制和执行的程序和流程制度化、规范化和科学化，从而有利于财政部门控制预算规模和优化支出结构，减少追加支出的随意性，有利于部门和单位合理使用财政资金，充分发挥财政资金的使用效益。

3. 编制部门预算可以克服代编预算方式的弊端

传统预算存在着由部门替下属单位代编预算的情况，使预算缺乏科学性和合理性。而编制部门预算要求从基层单位编起，部门负责审核、汇总，编制部门收支预算建议计划并报财政部门，使预算更加科学合理，有利于预算编制的真实性。

第三节 预算管理体制

一、预算管理体制的含义与实质

（一）预算管理体制的含义

国家预算管理体制是在中央与地方政府以及地方各级政府之间规定预算收支范围和预算管理职权的一项根本制度。预算收支范围涉及的是国家财力在中央与地方以及地方各级政府之间如何分配的问题，而预算管理职权涉及的则是各级政府在党中央集中统一领导下支配国家财力的责任和权限问题。预算管理体制主要包含两层含义，一层含义是指预算管理体系，即在一个国家中，中央与地方以及地方各级政府形成的预算管理体系，它包括预算管理的组织机构、组织形式、决策权限、监督方式等；另一层含义是指财权财力划分，即预算管理体制作为一种管理制度，其根本任务就是通过正确划分各级预算的收支范围和规定预算管理职权，使各级政府有稳定的收入来源，促进国民经济和社会的发展。

国家预算管理体制是国家财政管理体制的重要组成部分。国家财政管理体制有广义和狭义之分。广义的国家财政管理体制是规定各级政府之间以及国家同企业、事业单位之间在财政资金分配和管理职权方面的制度，包括国家预算管理体制、税收管理体制、国有企业财务管理体制、文教行政事业财务管理体制等。其中，国家预算管理体制是国家财政管理体制的主导环节。狭义的国家财政管理体制即国家预算管理体制。

（二）预算管理体制的实质

国家预算管理体制的实质是处理预算资金分配和管理上的集权与分权、集中与分散的关系问题。从经济基础角度看，国家预算管理体制是以制度的形式处理中央与地方政府之间所支配物质财富的集中与分散问题；从上层建筑角度看，国家预算管理体制是解决中央与地方政府之间的集权与分权问题。所谓的集权与分权，只是为了划分职权，分工负责，在党中央集中统一领导下，照顾到地方的利益，充分发挥地方的积极性与主动性。但是，由于中央和地方所处的地位不同，考虑和处理问题时的角度不同，在根本利益一致的前提下，也还存在着各种矛盾，如国家整体利益与地方局部利益之间的矛盾，需要与可能的矛盾，集中与分散的矛盾，等等。国家预算管理体制中的集权与分权问题，主要通过在中央与地方政府之间的收支划分来解决。

二、预算管理体制的内容和形式

（一）预算管理体制的内容

1. 政府预算收支范围的划分

预算收支范围的划分，是在中央和地方政府之间划分收支范围以及确定划分收支范围的方法等问题的总称。预算收支范围的划分反映了各级预算活动的范围和财力分配的大小，是正确处理中央与地方之间分配关系的重要方面。

（1）各级政府的职能范围

各级政府的职能即事权，是指哪些事情由中央办，哪些事情由地方办，这是划分各级预算收支范围的基本依据。在界定政府职能范围的基础上，要根据分职治事原则与受益范围原则划定中央政府与地方政府的职能，确定其各自提供公共产品的范围。所谓分职治事，是指下一级政府能做的事，一般不上交上一级政府，上一级政府只处理下一级地方政府不能处理的事务。所谓受益范围，是指按公共产品受益范围来划分事权，如果受益范围遍及全国所有地区，受益对象为全体公民，就应该由中央政府负责，如国防、外交、对外援助、跨省特大基础设施建设项目、特大自然灾害救济、中央政府行政管理等。如果受益范围局限在某一地区，就应由地方政府负责，如提供地方行政、社会治安、文化教育、卫生保健、就业训练等公共服务。

（2）企事业单位的隶属关系

这是指凡隶属于中央直接管辖的企事业单位的预算收支列入中央预算，凡隶属于地方直接管辖的企事业单位的预算收支列入地方预算。在实行分税制以后，中央与地方预算收入的划分已经打破了按企事业单位的隶属关系划分的传统，采用按税种划分中央与地方的预算收入；而目前在中央与地方政府事权尚未完全划分的情况下，中央与地方预算支出的划分仍依据企事业单位的行政隶属关系划分。

（3）各地区的经济发展水平

在以事权作为划分基本依据的基础上，还应该考虑实现各地区预算收支平衡的要求。由于我国幅员辽阔，各地区经济基础不同，经济发展也不平衡。为了调动中央和地方两方面的积极性，在划分收支时应适当考虑各地的经济条件，区别对待，对经济条件好的地区，在贯彻物质利益原则的基础上，鼓励其多上缴一些收入，为国家多做贡献；对经济条件差的地区，在促使其自力更生、增产增收的基础上，多留一些收入，以便实现中央和地方预算的收支平衡。

2. 政府预算收支划分的方法

我国预算收支在中央和地方之间的划分曾采用过的主要方法有以下几种。

（1）收入分类分成

这是一种收支挂钩的方法。所谓分类，是指将预算收入按项目分为中央固定收入、地方固定收入、中央与地方分成收入和调剂分成收入。采用这种方法时，首先将地方固定收入与地方正常支出相抵，如果不能抵补地方正常支出，则划给地方固定比例分成收入，如果仍不抵地方正常支出，再划给调剂分成收入。收入分类分成法的优点在于，对地方来说，不同种类的收入分别同地方支出挂钩，从而使地方全面关心各类收入，地方多收多得，少收少得，可以充分调动地方组织收入的积极性；其缺点是该方法计算比较复杂。

（2）总额分成

所谓总额分成，就是把地方组织的全部收入，不再区分为固定收入和各种分成收入，而是按地方组织的预算收入总额在中央和地方之间进行分成，地方预算支出占地方组织总收入的比例即为总额分成比例，其余为上缴中央总额分成比例。总额分成法的优点是把全部收入与地方支出挂钩，促使地方关心全国性收入，在经济情况变动较大的情况下，适应性强，计算方法简单；缺点是不利于调动地方组织零星收入的积极性，另外，地方增加的收入也纳入总额分成之内，不能全部归己，在一定程度上会挫伤地方增收的积极性。

（3）定额上缴（定额补助）

这种方法是指在中央核定的地方预算收支数额的基础上，凡收入大于支出的地区，对其收大于支的数额采用一定的方法上缴中央；凡是收小于支的地区，其收不抵支的差额由中央定额补助。这种方法能调动地方增收的积极性，便于地方主动安排收支计划。但是在实行包干体制下，中央不能从地方的增收中得到好处，不利于中央预算的收支平衡。

（4）分税制

分税制是在明确划分中央与地方事权及支出范围基础上，按照事权与财权统一的原则，划分中央与地方税收管理权限和税收收入的方法。分税制包括分税、分权和分管三个相互联系的内容。分税是按地方事权和地方预算支出需要，把税收划分为中央税、地方税、中央和地方共享税（以下简称"共享税"）。分权是指中央与地方都对属于自己的税种有开停征权、调整税目税率权，同时赋予地方开征地方新税的权力。我国目前只处于分税制的初级阶段，中央税、共享税和大部分地方税的开停征权都由中央决定，地方并没有相应的税权。分管是指在分权分税模式下必须建立相应的税收分管系统，即建立国税局和地方税务局，分别负责管理和征收中央税（包括共享税）和地方税。分税制的实行使中央与地方政府有稳定的收入来源，打破了行政隶属关系的束缚，有利于全国统一市场的形成。另外，分税制在财权的划分上明确了中央政府的主导地位，有利于加强中央的宏观调控能力。

3. 预算调节制度

预算收支范围的划分并不能完全解决各级政府财政收支的均衡问题，因而须在既定的预算收支划分的基础上进行收支水平的调节，这种调节称为转移支付制度。具体来说，政府间的财政转移支付实质上是存在于政府间的一种再分配形式，是均衡各级预算主体之间收支不对称的一种预算调节制度。它是以各级政府之间所存在的财政能力差距为基础，以实现各地公共服务水平的均等化为主旨而实行的一种财政资金转移或财政平衡制度。各级政府的事权划分和收入划分不可能做到完全一致，因此，就会普遍存在政府财政收入能力与其支出责任不对称的情况。从理论上讲，既可能存在中央政府对地方政府的补助，也可能存在地方政府资金向中央政府的转移。但在现实中，为了保证全国市场的统一和税收征管的效率，尽量减少税收对市场机制的扭曲，具有全局性的重要税种往往集中于中央政府手中。而随着经济的发展，多样化的地方性公共产品在公共产品中的比重会不断上升，地方政府在资源配置方面的职能也在不断加强，因此，地方政府的事权大于财权是一种普遍存在的情况。这样，转移支付制度基本上在各国都表现为中央政府向地方政府单方面财政资金的转移。转移支付的目的是使公共资金能够公平分配和有效使用，并达到各级政府事权与财权的最终统一。

(二) 预算管理体制的形式

根据财力的集中与分散、财权的集权与分权的程度不同，可将我国预算管理体制大体上分为以下四种类型。

1. 统收统支的预算管理体制

统收统支的预算管理体制也称高度集中的预算管理体制，这种体制的基本特点是财力与财权高度集中于中央，地方组织的财政收入全部上缴中央，地方一切开支由中央核拨。这种"统收统支"的预算管理体制使地方的财权很小，机动财力很少。这在当时特定的历史条件下，对集中必要的财力恢复和调整国民经济起过积极的作用，但它不利于发挥地方各级财政部门当家理财的积极性，在正常时期，不宜采取这种预算管理体制。

2. 统一领导，分级管理体制

这种预算管理体制的特点是财力和财权的相当大部分仍集中在中央，同时给地方一定的机动财力和财权，但都比较小。在这种体制下，由中央统一制定预算政策和制度，地方按预算级次实行分级管理，由中央核定地方收支指标，由中央统一进行地区间的调剂，收大于支的地方向中央财政上缴收入，支大于收的地方则由中央财政给予补助。

3. 划分收支，分级包干体制

这种预算管理体制的特点是在党中央集中统一领导和统一计划下，地方有较大的财权，地方财力大大增强。预算包干体制对原体制有重大突破，是我国预算管理体制的一次重大改革。这种体制充分调动了地方理财的积极性，但也存在不少问题。这些问题主要是指：中央集中的财力过少，中央财政收入占全部财政收入的比重下降，中央财政负担过重；中央与地方的收支之间相互挤占，关系没有理顺；地方财力大大增强，多投资于利润大、见效快的项目，加剧了当时的经济过热现象。

4. 分税制分级预算管理体制

这是我国现行预算管理体制，是我国在借鉴国际上发达国家的先进经验并结合我国国情的基础上，于20世纪末期实行的在分税制基础上的分级预算管理体制。其基本内容是：根据中央政府和地方政府的不同职能划分支出范围，按税种来划分中央收入和地方收入；分别设置机构，分别征税；中央预算通过转移支付制度实现对地方预算的调剂和控制。

三、我国现行的预算管理体制

（一）分税制的含义及重要意义

1. 分税制的含义

分税制是分税制预算管理体制的简称，是在划分中央与地方政府事权的基础上，按税种划分各级政府财政收入的一种预算管理体制。不能把分税制仅仅理解为划分税种，分税制的内涵极为丰富，它包括分税、分权、分征、分管等多方面内容。分税是指按税种将全部税收划分为中央与地方两套税收体系。依据分税程度的不同，分税方法有两种形式：一种做法是彻底分税制，即把全部税种划分为中央税和地方税，不设中央与地方共享税；另一种做法是适度分税制，即除了按税种划分中央税和地方税之外，还设置中央与地方的共享税。分权是指划分各级政府在税收方面的立法权、征管权和减免权。通常，中央税、中央与地方共享税和全国统一实行的地方税立法权集中在中央，地区性地方税收的立法权只限于省级立法机关或经省级立法机关授权的同级政府。分征是指分别设置中央税和地方税两套税务机构，分别征税。中央政府设置国家税务总局（以下简称"国税局"），负责中央税和共享税的征收；地方政府设置地方税务局（以下简称"地税局"），负责地方税的征收，以保证各级税收收入能够稳定、足额入库。分管是指中央政府和地方政府分别管理和使用各自的税款，涵养税源，不得相互混淆、平调或挤占。建立规范化的中央预算对地方的转移支付制度，实现中央对地方的宏观调控和调节地区之间的财力分配，这是实现分税制预算管理体制的关键。

2. 分税制的重要意义

与其他类型的预算管理体制相比，分税制预算管理体制在处理中央与地方财政分配关系上更加科学化和规范化。这具体表现在以下几点上。

（1）明确划分了各级政府的事权

划分事权是实行分税制的前提条件，即只有在划分各级政府事权的基础上，才能根据各级政府行使职能的需要，相应地划分其所应拥有的财政管理权限和财力。中央政府事权主要集中在提供具有全国性的公共产品和劳务，协调受益外溢的产品和劳务，以及调剂跨地区余缺和维护社会公平等方面。地方政府更多地承担与政府职责相对应的一些区域性的政治经济事务。

(2) 理顺并规范了各级政府间的财政分配关系

分税制预算管理体制消除了政府之间财力分配的随意性，使各级政府真正建立起独立的一级预算。分税制按税种合理划分中央与地方的收入范围，界定了各级政府之间的利益边界，可以避免出现中央与地方之间互相挤占收入等现象，而各自独立、稳定的收入来源则是各级政府建立一级独立预算的财力保证。

(3) 确定了中央财政的主导地位

分税制预算管理体制有利于调动中央和地方两方面的积极性，能够在促进整个财政收入增长的同时逐步提高中央财政收入占全国财政收入的比重，有利于增强中央财政的宏观调控能力。

(4) 建立了科学规范的转移支付制度

分税制预算管理体制通过建立统一、规范的中央对地方收入的转移支付制度，有利于加强中央对贫困地区的财政支援，可以逐步缩小地区间的差距。

(5) 打破了地区分割，规范了地方政府行为

实行分税制后，可以避免地方政府为争夺财政收入而画地为牢、干预企业、重复建设、保护落后，促使生产要素的合理流动和全国统一市场的形成；也有利于地方政府转换职能，致力于提高公共产品的供给效率和公共服务的水平。

(二) 分税制改革的指导思想

1. 坚持统一领导与分级管理相结合的原则

"统一领导"代表中央的全局利益，"分级管理"代表地方的局部利益。分税制改革应该在确定中央占主导地位的前提下，充分调动地方的积极性。在划分税种上不仅要考虑中央与地方的收入分配，还必须考虑税收对经济发展和社会分配的调节作用。中央税以及重要的地方税的立法权都要在中央，以保证中央政令统一，维护全国统一市场和企业平等竞争。征收机构分设国税局和地税局，实行分级征管，中央税和共享税由国税局负责征收，共享税中的地方部分由国税局直接划入地方金库，地方税由地税局负责征收。

2. 正确处理中央与地方的利益关系

促进国家财政收入合理增长，逐步提高中央财政收入的比重。分税制改革既要考虑地方利益，调动地方发展经济、增收节支的积极性，又要适当增加中央财力，在促进国家财政收入增长的同时，逐步提高中央财政收入占全国财政收入的比重，增强中央财政的宏观调控能力。为此，分税制改革在存量不变的情况下，中央要从财政收入的增量中适当多得

一些，以保证中央财政收入的稳定增长。

3. 合理调节各地区之间的财力分配

分税制改革既要有利于经济发达地区继续保持较快的发展势头，防止"鞭打快牛"现象的发生，又要通过中央对地方的税收返还和转移支付制度，扶持经济不发达地区的发展和老工业基地的改造，同时促使地方加强对财政支出的约束。

4. 坚持整体设计与逐步推进相结合的原则

分税制改革既要借鉴国外发达国家的先进经验，又要从本国实际出发，符合中国国情。在明确改革目标的基础上，分税制的实施办法应力求规范化，但必须抓住重点，分步实施，逐步完善，应通过"存量不动，增量调整"的办法，逐步提高中央财政收入的比重，逐步调整地方利益格局。总之，应通过渐进性、温和性的改革，在建立分税制基本框架的基础上，不断完善分税制改革。

（三）分税制改革的主要内容

1. 中央与地方事权和支出的划分

根据现在中央政府与地方政府事权的划分，中央财政主要承担国家安全、外交和中央国家机关运转所需经费，调整国民经济结构、协调地区发展、实施宏观调控所必需的支出以及由中央直接管理的事业发展支出。其具体包括国防费，武警经费，外交和援外支出，中央级行政管理费，中央统管的基本建设投资，中央直属企业的技术改造和新产品试制费，地质勘探费，中央财政安排的支农支出，由中央负担的国内外债务的还本付息支出，以及中央本级负担的公检法支出和文化、教育、卫生、科学等各项事业费支出。地方财政主要承担本地区政权机关运转所需支出以及本地区经济、事业发展所需支出。其具体包括地方行政管理费，公检法支出，部分武警经费，民兵事业费，地方统筹的基本建设投资，地方企业的技术改造和新产品试制费，支农支出，城市维护和建设经费，地方文化、教育、卫生等各项事业费，价格补贴支出以及其他支出。

2. 中央与地方收入的划分

根据事权与财权相结合的原则，按税种划分中央与地方的收入，将维护国家权益、实施宏观调控所必需的税种划为中央税；将同国民经济发展直接相关的主要税种划为中央与地方共享税；将适合地方征管的税种划为地方税，并充实地方税种，增加地方税收收入。中央固定收入包括：关税，海关代征进口环节增值税和消费税，消费税，车辆购置税，中央企业上缴利润等。地方固定收入包括：地方企业上缴利润，城镇土地使用税，房产税，车船税、耕地占用税、契税、土地增值税、国有土地有偿收入等。

中央与地方共享收入主要包括：（不含进口环节海关代征部分的）增值税中央分享50%，地方分享50%；企业所得税（除中国铁路总公司、各银行总行以及海洋石油企业缴纳的部分全部归中央外）其余部分中央与地方按60%与40%的比例分享；个人所得税（除储蓄存款利息所得）其余部分中央与地方按60%与40%的比例分享；资源税中，海洋石油企业缴纳的部分归中央，其余部分归地方；城市维护建设税中，中国铁路总公司、各银行总行、各保险总公司集中缴纳的部分归中央，其余部分归地方；证券交易印花税归中央，其他印花税归地方。

3. 中央财政对地方税收返还数额的确定

从分税制实施后的情况看，运行基本正常，其主要成果是转变了中央与地方之间的收入分配机制，提高了中央财政收入所占比重和宏观调控能力。这主要表现在：①在包干体制下，在收入增量中地方多留，中央收入的比重必然逐步下降，而实行分税制后，通过税种划分，保证中央收入占主导地位，然后再返还给地方使用，加强了中央的宏观调控能力，主动权在中央手中。②新的分税制返还办法，在保持地方原有既得利益的格局下，在以后增量的分配中，中央得大头，地方得小头，可以保证中央支配的收入逐步增长。③通过税收的合理分权和分设国税局与地税局，使中央的收入得到保证，不再受制于地方，减少了中央收入的流失。

4. 原体制下中央补助、地方上解以及有关结算事项的处理

分税制在重新划分中央财政收入与地方财政收入的基础上，相应地调整了政府间财政转移支付的数量和形式，除保留原体制下中央财政对地方的定额补助、专项补助和地方上解外，根据中央财政固定收入范围扩大、数量增加的新情况，着重建立了中央财政对地方财政的税收返还制度。具体办法是，中央税收上缴完成后，通过中央财政支出，将一部分收入返还给地方使用。

（四）关于分税制改革的进一步完善

分税制实施十余年来，运行状况基本良好，初步达到了预期的目标。这主要表现在：一是政府间的分配关系趋于规范。各级政府的事权划分进一步明晰，各级政府的收支范围、权责进一步明确，预算约束趋于硬化。分税制按税种划分中央与地方的财政收入，使中央与地方政府之间的利益边界更加清晰，避免了相互挤占收入等现象的发生。二是较大幅度地提高了中央财政占全部财政收入的比重，增加了全国性基础设施和公共工程投入，

加大了对西部地区和部分贫困地区的财政转移支付力度。三是建立了比较规范的转移支付制度，灵活地解决了纵向平衡、横向平衡以及专项补助问题。完善一般性转移支付稳定增长机制，逐步提高一般性转移支付所占比重；对专项转移支付进行清理、整合、规范，逐步取消竞争性领域专项和地方资金配套，同时严格控制新增项目和资金规模；建立专项转移支付定期评估和退出机制。

进行的分税制改革虽然取得了一定成果，但还有以下问题需要完善。

第一，进一步明确中央与地方政府事权的划分范围。目前的分税制是以当前既定的政府事权划分为前提的，随着经济体制和政治体制改革的深入，各级政府的职责划分必须作相应调整。各级政府事权划分的基本依据是公共需要的层次性和集权与分权的关系。其中，有些事权的划分是十分明确的，如国防基本属于中央事权，但大部分事权是交叉的，如基础设施、文教科卫、支农等是各级政府共有的事权，这些交叉性的事权要力求边界清晰，避免混淆不清，相互干扰，要以法律形式具体化，力求分工明确，依法办事。而这些在短期内难以达到完善的地步，只能随着经济体制改革的不断深入逐步达到预定的目标。

第二，进一步调整和规范预算收入的划分。21世纪初期，中央对所得税分享办法进行了重大调整，企业所得税打破行政隶属分享办法，改成中央与地方按 6∶4 的比例分成。近年来，中央财力的集中程度显著提高。当然，适当集中中央的财权财力，对加强中央政府的宏观调控能力是非常必要的，但是如果集中的程度过大、速度过快，必然会对地方各级财政造成负面影响。地方各级政府在财权逐步减少的总体趋势下，事权并没有相应减少，出现严重不对称，这也是一些县、乡财政普遍反映的困难之一。

第三，实行规范的转移支付制度。转移支付制度是均衡各级预算主体之间收支不对称的预算调节制度，主要是指中央政府（或上级政府）对地方政府（或下级政府）进行无偿的财政资金转移所制定的制度，包括转移支付的原则，实现的目标，转移的形式、标准等方面的规定。转移支付制度是分税制预算管理体制的一个重要组成部分，是中央政府实行宏观调控的重要手段，因为实行分税制并不要求地方政府拥有足以自我平衡的财政收入，仅仅是使地方财政预算拥有一定量的稳定收入，其差额由中央财政预算补助，从而实现中央财政对地方财政的调控。目前，我国实行的税收返还制度就是转移支付制度的一种形式，但该制度还很不规范。税收返还实际是维护既得利益的"基数法"的延续，而规范的转移支付制度要求逐步过渡到按客观因素测定标准收支，因此，逐步减少税收返还也是进一步完善转移支付制度的关键。

第四，完善地方税收体系。建立中央与地方两套税收体系是分税制的一个重要内容。目前，我国地方税收体系尚不完善，地方没有"当家"的税种，不利于调动地方涵养税源的积极性。根据存在的问题，需要做以下工作：一是要扩大地方税收规模，增强地方政府预算自求平衡的能力；二是要扩大地方对地方税收的立法权和执法权，除了一些重要的地方税种需要由中央统一立法外，还应该给予地方开设一些地方税种的权力；三是各级政府都应有自己的主体税种，以保证各级财政有稳定的收入来源。

为降低征纳成本，理顺职责关系，提高征管效率，为纳税人提供更加优质、高效、便利的服务，我国将省级和省级以下国税、地税机构合并，具体承担所辖区域内各项税收、非税收入征管等职责。为提高社会保险资金征管效率，将基本养老保险费、基本医疗保险费、失业保险费等各项社会保险费交由税务部门统一征收。国税、地税机构合并后，实行国家税务总局与省（自治区、直辖市）政府双重领导管理体制（以国家税务总局为主）。国家税务总局要会同省级党委和政府加强税务系统党的领导，做好党的建设、思想政治建设和干部队伍建设工作，优化各层级税务组织体系和征管职责，按照"瘦身"与"健身"相结合的原则，完善结构布局和力量配置，构建优化、高效、统一的税收征管体系。这表明，中国分税制改革进入了新阶段。

第五章 增值税、消费税与关税

第一节 增值税

一、增值税概述

(一) 增值税的概念和特点

增值税是以单位和个人生产经营过程中取得的增值额为课税对象征收的一种税，它是我国商品课税体系中的主体税种。

对增值税的理解要从增值额入手。所谓增值额，是指纳税人在其生产经营活动中新创造的价值或商品的附加值。一般来说，增值额相当于商品价值扣除生产经营过程中消耗掉的生产资料的转移价值之后的余额，即由劳动者所创造的新价值。由于商品从生产到消费要经过多个环节，每一环节都可能增加新的价值。因此，增值额既可以从个别生产经营环节来考察，也可以从商品生产流通的全过程来考察。

从个别生产经营环节考察，增值额表现为某个生产经营企业的商品销售额或经营收入额扣除生产经营所消耗的生产资料价值后的余额。

从商品生产流通的全过程考察，一个商品进入消费时的最终销售额等于该商品从生产到消费全过程中各个经营环节的增值额之和。

增值税与传统的商品课税相比，具有以下特点。

1. 增值税是能够避免重复课征的税

因为增值税只对商品或劳务在本环节增加的价值征收，而对以前环节已征税价值不再课征，所以，能够完全排除传统的商品课税所存在的重复征税的弊端。

2. 增值税是"中性"税

增值税是对商品的增值额征税，而与该商品在生产流通过程中所经历的交易次数多少无关。也就是说，商品不论经历过多少道生产或流通环节，都不会影响某一具体环节的纳税人的税收负担和商品的整体税负。这表明增值税消除了税负不平的因素，对企业选择生产经营形式没有任何影响，对资源配置无干扰作用。就这点而言，增值税是一种"中性"的税收。

3. 增值税采用价外税形式

即增值税税金是在商品或劳务的价格之外，税款是按不含税价格计算的。增值税要保持其"中性"立场，只能采取价外税。这样才能消除税收对市场价格形成的制约，使价格真正反映市场供求的变化，保证市场机制配置资源作用的发挥。

4. 增值税是多环节征收的税

商品每经过一个流转环节，就要征收一次税。增值税像链条一样，环环相扣，体现了商品课税从生产到消费全过程的连续性和完整性。

（二）增值税的类型

1. 按课税范围的大小分类

增值税的征税范围既可广，又可专。说其广，它可以延伸到农业、工业、商业、服务业等一切经济领域，成为最广泛征收的税种；说其专，它也可以局限于某一特定的经济领域实施。增值税究竟在什么范围内实施，是由各国自身的经济条件和财政政策决定的。就目前各国的实施范围看，大体有四种结构。

（1）征税范围仅限于工业生产环节，如塞内加尔、阿尔及利亚、摩洛哥、突尼斯等国。

（2）征税范围除工业生产环节外，还扩大到商业批发环节，如马达加斯加等国。

（3）征税范围从工业生产、商业批发环节进一步延伸到零售环节，或包括全部零售商，或只包括销售额超过一定数量的零售商，如韩国、巴拉圭以及我国现行的增值税都采取这种结构。

（4）征税范围包括一切经济领域，即在农业、工业、商业以及服务业的所有行业普遍实行增值税，如欧盟各国。

2. 按抵扣税款范围的大小分类

增值税的主要特征就是计税时允许扣除购入商品及劳务的已纳税金。对于购入流动资产的已纳税金世界各国均允许扣除。而对于购入固定资产的已纳税金不同国家则有不同的处理方式，由此分为消费型增值税、收入型增值税和生产型增值税。

(1) 消费型增值税

是指课税时，允许将购入固定资产的已纳税金在购入当期全部抵扣。从国民经济整体看，增值额相当于全部消费品的价值，不包括资本品的价值，所以称为消费型增值税。这种增值税因抵扣彻底，故具有抑制消费、刺激投资、促进资本形成和经济增长的作用。欧共体国家的增值税均属于这种类型。

(2) 收入型增值税

是指课税时，允许把购入固定资产的已纳税金按折旧比例和使用年限分期抵扣。从国民经济整体看，增值额相当于国民收入，所以称为收入型增值税。这种增值税对经济增长呈中性作用。拉丁美洲国家的增值税大多属于这种类型。

(3) 生产型增值税

是指课税时，不允许扣除购入固定资产的已纳税金。从国民经济整体看，增值额相当于国民生产总值，即国民收入加折旧额之和，所以称为生产型增值税。这种增值税在一定程度上仍带有重复征税的问题，不利于鼓励投资，不利于资本有机构成较高的高新技术产业的发展。

3. 按规定税率的多少分类

(1) 单一税率的增值税

即对所有商品和劳务以及不同的课税环节都采用同一个税率。如丹麦、英国、玻利维亚等国家的增值税只有一个比例税率。

(2) 多个税率的增值税

即对不同的商品和劳务以及不同的课税环节实行不同的税率，法定税率在5个以上。

(3) 一个基本税率加少数辅助税率的增值税

即对大多数商品及劳务规定统一的税率，作为基本税率；对少数商品规定高于或低于基本税率的税率，作为辅助税率。辅助税率的数目一般为1~4个。如法国、比利时等国家就采用这种类型。

4. 以计算方法分类

以计算方法为划分标准，增值税可分为直接计算的增值税和间接计算的增值税。

(1) 直接计算法

是指先直接计算出增值额，然后再据此计算出应纳税额。由于计算增值额的方法不同，直接计算法又分为"加法"和"减法"两种。

①加法：即把纳税人在纳税期内的各个增值项目逐项相加，组成增值额，再据以计

税。基本计算公式为：

$$增值额 = 工资 + 利息 + 租金 + 利润 + 其他增值项目$$

$$应纳税额 = 增值额 \times 适用税率$$

②减法：即以纳税人在纳税期的商品与劳务销售额减去法定扣除的非增值额（如购进的原材料、燃料、动力、零配件等金额）后的余额作为增值额，再据以计税。基本计算公式为：

$$增值额 = 销售收入额 - 法定非增值项目金额$$

$$应纳税额 = 增值额 \times 适用税率$$

直接计算法要求区分增值因素和非增值因素，并用数量关系准确地表现出来，这在现实中非常不易做到。同时，增值额要到核算期结束时才能计算出来，这将影响财政收入的及时性和准确性。所以，实行增值税的国家大都不采用此种方法计税

(2) 间接计算法

又称税款抵扣法。这种方法不要求直接计算增值额，而是以纳税人在纳税期内的商品与劳务销售额乘以增值税税率，求出商品与劳务的总体税金，再抵扣购进商品与劳务已纳的税款，其余额为纳税人在本环节应付的税额。基本计算公式为

$$应纳税额 = 销售收入额 \times 适用税率 - 非增值项目的已纳税金$$

这种方法简便易行、计税准确，是实行增值税的国家普遍采用的计税方法。

(三) 增值税的立法意义

1. 有利于公平税负、鼓励竞争

只有税负公平、负担合理，才有利于企业在同等条件下开展竞争。增值税较好地体现了公平税负的原则：一是同一产品的税收负担是相等的，即不论企业是全能型还是非全能型，不论其生产结构和流通环节发生如何变化，它们的税收负担是一致的；二是由于增值税以增值额作为课税对象，而商品的盈利是构成增值额的主要因素之一，因此，增值税的税收负担同纳税人的负担能力是基本相适应的。

2. 有利于促进生产向专业化和协作化方向发展

由于增值税将多环节征税的普遍性与按增值额征税的合理性有机地结合起来，有效地克服了传统流转税按全额计税造成全能企业税负轻而协作企业和专业化程度高的企业税负重的弊端，消除了对商品价值的重复征税，有利于生产向专业化和协作化方向发展。

3. 有利于促进国家对外贸易的发展

从出口方面看，在按销售全额征税的情况下，同一种商品因生产结构或流通环节的不

同，所负担的税款是不同的。当这种商品最终出口时，它在各个环节共缴纳了多少税款很难计算清楚，所以一般只能退还该商品最后一个环节的税款，退税不够彻底，不利于鼓励出口。而增值税是按增值额征税，各环节增值税税额之和等于按商品最终销售额计算的总体税负，因而，可以在商品出口时把各环节已纳税款如数退还给企业，使出口商品实行彻底退税，以完全不含税价格进入国际市场，从而提高其竞争能力。

从进口方面看，在按销售全额征税的情况下，同种商品若是国内生产的，则要承担多环节的重复课征；若是国外进口的，仅在进口环节征一次税，这就造成国内商品税负高于进口同种商品税负，使国内商品在市场竞争中处于不利地位。实行增值税后，国内商品税负则与进口商品税负一致，既体现税负对等的原则，又有利于维护国家经济权益和国内生产。

4. 有利于保证国家财政收入的普遍、及时和稳定增长

增值税是对传统商品课税制的重大改革，但不是对原税制的全面否定。它在克服了重复征税弊端的同时，仍保留了原税制的优点，即确保财政收入的普遍、及时和稳定。增值税的普遍性在于一切从事生产经营活动的纳税人，只要在其生产经营中产生增值额，就要相应缴纳税金；同时，一个商品不论在生产经营中经历多少环节，每个环节都应按各自的增值额分别纳税。增值税的及时性在于它虽然以增值额为课税对象，但在征收上却是随商品销售额的实现而计征入库的。增值税的稳定性在于它是一种与企业创造的国民收入密切联系的税种，其税率一经确定，就把国家从国民收入中收取的比例确定下来。只要国民收入增长，税收也会相应上升，从而保证财政收入的稳定增长。

二、增值税的计算

（一）一般纳税人应纳税额的计算

一般纳税人销售货物、提供应税劳务、销售应税服务、无形资产或者不动产，采用一般计税方法计算缴纳增值税，即税款抵扣法，当期应纳税额的大小取决于当期销项税额和当期进项税额。基本计算公式为：

应纳税额＝当期销项税额－当期进项税额

1. 销项税额的计算

所谓销项税额，是指纳税人销售货物或者提供劳务，按照销售额或应税劳务收入和适用税率计算并向购买方收取的增值税税额。其计算公式为：

$$销项税额＝销售额×税率$$

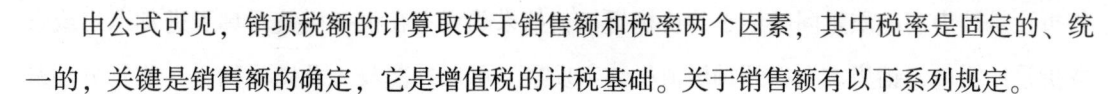

由公式可见,销项税额的计算取决于销售额和税率两个因素,其中税率是固定的、统一的,关键是销售额的确定,它是增值税的计税基础。关于销售额有以下系列规定。

（1）一般销售方式下的销售额

销售额是指纳税人销售货物或应税劳务向购买方收取的全部价款和价外费用,但不包括收取的销项税额。

价外费用是指销货方在销售价格之外,向购买方收取的各项费用,包括手续费、补贴、基金、集资费、返还利润、奖励费、违约金、滞纳金、延期付款利息、赔偿金、代收款项、代垫款项、包装费、包装物租金、储备费、优质费、运输装卸费以及其他各种性质的价外收费。以上价外费用,无论其会计制度如何核算,均应并入销售额中计税。应当注意,向购买方收取的价外费用,应视为含税收入,在征税时换算成不含税收入再并入销售额。

下列项目不包括在价外费用之内：①受托加工应征消费税的消费品所代收代缴的消费税。②承运部门的运输费用发票开具给购买方且纳税人将该项发票转交给购买方的代垫运费。③代为收取的政府性基金或者行政事业性收费。是指由国务院或者财政部批准设立的政府性基金,由国务院或者省级人民政府及其财政、价格主管部门批准设立的行政事业性收费,且收取时开具省级以上财政部门印制的财政票据,所收款项全额上缴财政。④销售货物的同时代办保险等而向购买方收取的保险费,以及向购买方收取的代购买方缴纳的车辆购置税、车辆牌照费。

销售额以人民币计算。纳税人以人民币以外的货币结算销售额的,应当折合成人民币计算。

（2）特殊方式下的销售额

在销售活动中,为了达到促销的目的,有多种销售方式。不同销售方式下,销售者取得的销售额会有所不同。对不同销售方式下如何确定其计税销售额,税法分别作了以下规定。

①折扣销售方式下的销售额。折扣销售是指销货方在销售货物或应税劳务时,为鼓励购买方多买而给予的价格优惠。税法规定,纳税人采取折扣方式销售货物,如果销售额和折扣额在同一张发票上分别注明的,可按冲减折扣额后的销售额征收增值税;如果将折扣额另开发票,不论其在财务上如何处理,均不得在销售额中减除折扣额。注意折扣销售与相关概念的区别：一是折扣销售和销售折扣的区别。销售折扣,是指企业采用赊销方式时,鼓励购买方尽快付款而给与的现金折扣,销售折扣发生在销售之后,而折扣销售是在销售的同时发生的,销售折扣不能从销售额中扣除。二是折扣销售和销售折让的区别,销

售折让是因为商品质量问题给予的价格折扣，如果购买方在税务机关开具了进货退出或索取折让证明单，销售方据以开具增值税红字发票，可以冲减收入及销项税金，购货方冲减购货金额及进项税金。

②以旧换新方式下的销售额。以旧换新是指纳税人在销售自己的货物时，有偿收回旧货物的行为。税法规定，纳税人采取以旧换新方式销售货物，应按新货物的同期销售价格确定应税销售额，不得扣减旧货物的收购价格。考虑到金银首饰以旧换新业务的特殊情况，对金银首饰以旧换新业务，可以按销售方实际收取的不含增值税的全部价款征收增值税。

③还本销售方式下的销售额。还本销售是指纳税人在销售货物后，到一定期限由销售方一次或分次退还给购货方全部或部分价款。这实际上是以提供货物换取资金的使用权，到期还本不付息的一种融资方法。税法规定，纳税人采取还本销售方式销售货物，不得从销售额中减除还本支出。

④以货易货方式下的销售额。以货易货是指购销双方不是以货币结算，而是以同等价款的货物相互结算，实现货物购销的一种方式。税法规定，以货易货双方都应作正常的购销处理，以各自发出的货物核算销售额并计算销项税额，以各自收到的货物按规定核算购货额并计算进项税额。在以货易货活动中，应分别开具合法的票据，收到的货物不能取得相应的增值税专用发票或其他合法票据的，不能抵扣进项税额。

⑤包装物出租、出借方式下的销售额。纳税人为销售货物而出租出借包装物收取的押金，单独记账核算的，不并入销售额征税，但对因逾期未收回包装物而不再退还的押金，应并入销售额，按所包装货物的适用税率征税。其中，"逾期"是指按合同约定实际逾期或以1年为期限，对收取1年以上的押金，无论是否退还均并入销售额征税。应当注意，逾期包装物押金应视为含税收入，在征税时换算成不含税收入再并入销售额。税法还规定，对销售除啤酒、黄酒以外的其他酒类产品而收取的包装物押金，无论是否返还以及会计上如何核算，均应并入当期销售额征税。

⑥直销企业增值税销售额确定。直销企业先将货物销售给直销员，直销员再将货物销售给消费者的，直销企业的销售额为其向直销员收取的全部价款和价外费用。直销员将货物销售给消费者时，应按照现行规定缴纳增值税。直销企业通过直销员向消费者销售货物，直接向消费者收取货款的，直销企业的销售额为其向消费者收取的全部价款和价外费用。

⑦合并定价情况下的销售额。一般纳税人销售货物或应税劳务，采用销售额和销项税额合并定价方法的，要将不含税的计税销售额从合并价格中分离出来。其销售额计算公

式为：

$$销售额=含税销售额÷（1+税率）$$

⑧视同销售货物以及价格明显偏低情况下的销售额。纳税人销售货物或者应税劳务的价格明显偏低并且无正当理由的，或者有视同销售货物行为而无销售额的，主管税务机关有权按下列顺序确定其销售额：按纳税人最近时期同类货物的平均销售价格确定。按其他纳税人最近时期同类货物的平均销售价格确定。按组成计税价格确定。组成计税价格的公式为：

$$组成计税价格=成本×（1+成本利润率）$$

如果该货物还同时征收消费税，其组成计税价格中应加计消费税税额。则：

$$组成计税价格=成本×（1+成本利润率）+消费税税额$$

公式中的成本是指销售自产货物的为实际生产成本，销售外购货物的为实际采购成本。公式中的成本利润率由国家税务总局确定，一般为10%，但属于从价定率征收消费税的货物，为消费税有关法规确定的成本利润率。

（3）"营改增"试点行业的销售额

①贷款服务，以提供贷款服务取得的全部利息及利息性质的收入为销售额。

②直接收费金融服务，以提供直接收费金融服务收取的手续费、佣金、酬金、管理费、服务费、经手费、开户费、过户费、结算费、转托管费等各类费用为销售额。

③金融商品转让，按照卖出价扣除买入价后的余额为销售额。

转让金融商品出现的正负差，按盈亏相抵后的余额为销售额。若相抵后出现负差，可结转下一纳税期与下期转让金融商品销售额相抵，但年末时仍出现负差的，不得转入下一个会计年度。金融商品的买入价，可以选择按照加权平均法或者移动加权平均法进行核算，选择后36个月内不得变更。金融商品转让，不得开具增值税专用发票。

④经纪代理服务，以取得的全部价款和价外费用，扣除向委托方收取并代为支付的政府性基金或者行政事业性收费后的余额为销售额。向委托方收取的政府性基金或者行政事业性收费，不得开具增值税专用发票。

⑤融资租赁和融资性售后回租业务。

经人民银行、银监会或者商务部批准从事融资租赁业务的试点纳税人，提供融资租赁服务，以取得的全部价款和价外费用，扣除支付的借款利息（包括外汇借款和人民币借款利息）、发行债券利息和车辆购置税后的余额为销售额。

经人民银行、银监会或者商务部批准从事融资租赁业务的试点纳税人，提供融资性售后回租服务，以取得的全部价款和价外费用（不含本金），扣除对外支付的借款利息（包括外汇借款和人民币借款利息)、发行债券利息后的余额作为销售额。

⑥航空运输企业的销售额,不包括代收的机场建设费和代售其他航空运输企业客票而代收转付的价款。

⑦试点纳税人中的一般纳税人(以下称一般纳税人)提供客运场站服务,以其取得的全部价款和价外费用,扣除支付给承运方运费后的余额为销售额。

⑧试点纳税人提供旅游服务,可以选择以取得的全部价款和价外费用,扣除向旅游服务购买方收取并支付给其他单位或者个人的住宿费、餐饮费、交通费、签证费、门票费和支付给其他接团旅游企业的旅游费用后的余额为销售额。

选择上述办法计算销售额的试点纳税人,向旅游服务购买方收取并支付的上述费用,不得开具增值税专用发票,可以开具普通发票。

⑨房地产开发企业中的一般纳税人销售其开发的房地产项目(选择简易计税方法的房地产老项目除外),以取得的全部价款和价外费用,扣除受让土地时向政府部门支付的土地价款后的余额为销售额。

试点纳税人上述④—⑨款的规定从全部价款和价外费用中扣除的价款,应当取得符合法律、行政法规和国家税务总局规定的有效凭证,否则,不得扣除。上述凭证是指:支付给境内单位或者个人的款项,以发票为合法有效凭证;支付给境外单位或者个人的款项,以该单位或者个人的签收单据为合法有效凭证,税务机关对签收单据有疑义的,可以要求其提供境外公证机构的确认证明;缴纳的税款,以完税凭证为合法有效凭证;扣除的政府性基金、行政事业性收费或者向政府支付的土地价款,以省级以上(含省级)财政部门监(印)制的财政票据为合法有效凭证;国家税务总局规定的其他凭证。

⑩一般纳税人跨县(市)提供建筑服务,适用一般计税方法计税的,应以取得的全部价款和价外费用为销售额计算应纳税额。纳税人应以取得的全部价款和价外费用扣除支付的分包款后的余额,按照2%的预征率在建筑服务发生地预缴税款后,向机构所在地主管税务机关进行纳税申报。

⑪一般纳税人销售外购的不动产,适用一般计税方法的,应以取得的全部价款和价外费用为销售额计算应纳税额。纳税人应以取得的全部价款和价外费用减去该项不动产购置原价或者取得不动产时的作价后的余额作为计税依据,按照5%的预征率在不动产所在地预缴税款。

⑫一般纳税人销售自建的不动产,适用一般计税方法的,以取得的全部价款和价外费用为销售额,按照5%的预征率在不动产所在地预缴税款。

⑬房地产开发企业中的一般纳税人销售房地产老项目以及一般纳税人出租不动产,适

用一般计税方法计税的,应以取得的全部价款和价外费用作为销售额,按照3%的预征率在不动产所在地预缴税款。

2. 进项税额的确定

所谓进项税额,是指纳税人购进货物、加工修理修配劳务、应税服务、无形资产或者不动产而向对方支付或者负担的增值税税额。对于增值税一般纳税人而言,在生产经营过程中,它既是卖方,也是买方,因此每一个纳税人既有收取的销项税额,又有支付的进项税额。一般纳税人当期应纳增值税实质是销项税额与进项税额的差额,可以抵扣进项税额的多少会直接影响一般纳税人的税收负担。

为了正确抵扣进项税额,税法作出以下具体规定。

(1) 准予从销项税额中抵扣的进项税额根据税法规定,准予从销项税额中抵扣的进项税额限于增值税扣税凭证上注明的增值税税额和按规定的扣除率计算的进项税额。具体指:①从销售方取得的增值税专用发票上注明的增值税税额。②从海关取得的海关进口增值税专用缴款书上注明的增值税税额。③购进农产品,除取得增值税专用发票或者海关进口增值税专用缴款书外,按照农产品收购发票或者销售发票上注明的农产品买价和13%的扣除率计算的进项税额。进项税额计算公式为:

$$进项税额=买价×扣除率$$

其中:买价包括纳税人购进农产品在农产品收购发票或者销售发票上注明的价款和按规定缴纳的烟叶税。烟叶收购单位收购烟叶时按照国家有关规定以现金形式直接补贴烟农的价外补贴,属于农产品价款的组成部分。

(2) 不得从销项税额中抵扣的进项税额

①用于简易计税办法、免征增值税项目、集体福利或者个人消费(纳税人的交际应酬)的购进货物、加工修理修配劳务、服务、无形资产和不动产。其中涉及的固定资产、无形资产、不动产,仅指专用于上述项目的固定资产、无形资产(不包括其他权益性无形资产)、不动产。

②非正常损失的购进货物以及相关的加工修理修配劳务和交通运输服务;非正常损失的在产品、产成品所耗用的购进货物(不包括固定资产)、加工修理修配劳务和交通运输服务。

③非正常损失的不动产以及该不动产所耗用的购进货物、设计服务和建筑服务;非正常损失的不动产在建工程所耗用的购进货物、设计服务和建筑服务。上述货物是指构成不动产实体的材料和设备,包括建筑装饰材料和给排水、采暖、卫生、通风、照明、通信、煤气、消防、中央空调、电梯、电气、智能化楼宇设备及配套设施。

非正常损失是指因管理不善造成被盗、丢失、霉烂变质的损失或者被执法部门依法没收或者强令自行销毁的货物。

④购进的旅客运输服务、贷款服务、餐饮服务、居民日常服务和娱乐服务。

⑤财政部和国家税务总局规定的其他情形。

（二）小规模纳税人应纳税额的计算

小规模纳税人销售货物、提供应税劳务、应税服务、无形资产和不动产，应按简易方法计算应纳税额。即按照销售额和规定的征收率计算，不得抵扣进项税额。计算公式为：

$$应纳税额 = 销售额 \times 征收率$$

小规模纳税人的销售额与一般纳税人的销售额规定一致。在具体计算时，应注意两点：

（1）小规模纳税人销售货物或应税劳务采用销售额和应纳税额合并定价方法的，其不含税销售额按下列公式计算：

$$销售额 = 含税销售额 \div （1+征收率）$$

其中，试点小规模纳税人跨县（市）提供建筑服务，应以取得的全部价款和价外费用扣除支付的分包款后的余额为销售额；小规模纳税人销售其取得（不含自建）的不动产（不含个体工商户销售购买的住房和其他个人销售不动产），应以取得的全部价款和价外费用减去该项不动产购置原价或者取得不动产时的作价后的余额为销售额。

（2）小规模纳税人因销售货物退回或者折让退还给购买方的销售额，应从发生销货退回或折让当期的销售额中扣减。

（3）小规模纳税人销售货物、应税劳务或服务，如果申请税务机关代开增值税专用发票，发票所列销售额为不含税销售额，其应纳税额应按销售额和规定的征收率计算。

（4）小规模纳税人购进税控收款机，可凭购进税控收款机取得的增值税专用发票，按照发票注明的增值税税额，抵免当期应纳增值税。或者按照购进税控收款机取得的普通发票上注明的价款，依照下列公式计算可抵免的税额：

$$可抵免的税额 = 价款 \div （1+17\%） \times 17\%$$

当期应纳税额不足抵扣的，未抵免的部分可以结转到下一期继续抵免。

（5）小规模纳税人（除其他个人外）销售自己使用过的固定资产，按减2%征收率征收增值税。其应纳税额按下列公式计算：

$$销售额 = 含税销售额 \div （1+3\%） \times 2\%$$

（三）进口货物应纳税额的计算

中华人民共和国境内的单位和个人进口货物均应缴纳增值税，进口货物的增值税纳税义务人为进口货物的收货人或者办理报关手续的单位和个人，分为一般纳税人和小规模纳税人。只要是履行报关手续报关进境的货物，无论其用途如何，都应按照一般纳税人在国内销售同类货物的税率缴纳进口环节增值税。因此，进口货物是按组成的计税价格全额计算征税，不得抵扣任何税额。组成计税价格和应纳税额的计算公式为：

$$组成计税价格 = 关税完税价格 + 关税 + 消费税$$

$$应纳税额 = 组成计税价格 \times 税率$$

三、出口货物劳务增值税退（免）税政策

出口退（免）税是指对出口货物劳务实行出口退税或免税的政策。其中，出口退税是指对出口货物劳务免征销项税额，并退还国内生产和流通环节已缴纳的增值税；而出口免税是指对出口货物免征销项税额，但不退还国内生产和流通环节已缴纳的增值税。

（一）出口货物劳务退（免）税的适用范围

对下列出口货物劳务，实行免征和退还增值税政策。

1. 出口企业出口货物

所谓出口企业，是指依法办理工商登记、税务登记、对外贸易经营者备案登记，自营或委托出口货物的单位或个体工商户，以及依法办理工商登记、税务登记但未办理对外贸易经营者备案登记，委托出口货物的生产企业。所谓出口货物，是指向海关报关后实际离境并销售给境外单位或个人的货物，分为自营出口货物和委托出口货物两类。所谓生产企业，是指具有生产能力（包括加工修理修配能力）的单位或个体工商户。

2. 出口企业或其他单位视同出口货物

视同出口货物具体是指：

（1）出口企业对外援助、对外承包、境外投资的出口货物。

（2）出口企业经海关报关进入国家批准的出口加工区、保税物流园区、保税港区、综合保税区、珠澳跨境工业区（珠海园区）、中哈霍尔果斯国际边境合作中心（中方配套区域）、保税物流中心（B型）（以下统称特殊区域）并销售给特殊区域内单位或境外单位、个人的货物。

（3）免税品经营企业销售的货物（国家规定不允许经营和限制出口的货物、卷烟和超出免税品经营企业《企业法人营业执照》规定经营范围的货物除外）。具体是指：①中国免税品（集团）有限责任公司向海关报关运入海关监管仓库，专供其经国家批准设立的统一经营、统一组织进货、统一制定零售价格、统一管理的免税店销售的货物；②国家批准的除中国免税品（集团）有限责任公司外的免税品经营企业，向海关报关运入海关监管仓库，专供其所属的首都机场口岸海关隔离区内的免税店销售的货物；③国家批准的除中国免税品（集团）有限责任公司外的免税品经营企业所属的上海虹桥、浦东机场海关隔离区内的免税店销售的货物。

（4）出口企业或其他单位销售给用于国际金融组织或外国政府贷款国际招标建设项目的中标机电产品（以下称中标机电产品）。上述中标机电产品，包括外国企业中标再分包给出口企业或其他单位的机电产品。

（5）生产企业向海上石油天然气开采企业销售的自产的海洋工程结构物。

（6）出口企业或其他单位销售给国际运输企业用于国际运输工具上的货物。此规定暂仅适用于外轮供应公司、远洋运输供应公司销售给外轮、远洋国轮的货物，国内航空供应公司生产销售给国内和国外航空公司国际航班的航空食品。

（7）出口企业或其他单位销售给特殊区域内生产企业生产耗用且不向海关报关而输入特殊区域的水（包括蒸汽）、电力、燃气（以下称输入特殊区域的水电气）。

除财政部和国家税务总局另有规定外，视同出口货物适用出口货物的各项规定。

3. 出口企业对外提供加工修理修配劳务

对外提供加工修理修配劳务，是指对进境复出口货物或从事国际运输的运输工具进行的加工修理修配。

（二）增值税退（免）税办法

适用增值税退（免）税政策的出口货物劳务，按照下列规定实行增值税免抵退税或免退税办法。

1. 免抵退税办法

生产企业出口自产货物和视同自产货物及对外提供加工修理修配劳务，以及列名生产企业出口非自产货物，免征增值税，相应的进项税额抵减应纳增值税额（不包括适用增值税即征即退、先征后退政策的应纳增值税额），未抵减完的部分予以退还。

2. 免退税办法

不具有生产能力的出口企业（以下称外贸企业）或其他单位出口货物劳务，免征增值税,相应的进项税额予以退还。

3. 应税服务的增值税退(免)税办法

境内的单位和个人提供适用增值税零税率的应税服务,如果采取的是简易征税方法的,则出口采取免征增值税的办法;如果采取增值税一般计税方法的,生产企业实行免抵退税法,外贸企业外购研发服务和设计服务出口实行免退税办法,外贸企业自行开发的研发服务和设计服务出口视同生产企业出口货物采取免抵退税法。

(三) 出口退税率

出口货物的退税率,是出口货物的实际退税额与退税计税依据的比例。它是出口退税的中心环节,体现着某一类货物在一定时期税收的实际征收水平。退税率的高低影响和刺激对外贸易,影响和刺激国民经济发展的速度,也关系到国家、出口企业的经济利益。我国的出口退税率曾根据国内外经济形势的变化几经调整,现统一作出以下规定。

1. 退税率的一般规定

除财政部和国家税务总局根据国务院决定而明确的增值税出口退税率(以下称退税率)外,出口货物的退税率为其适用税率。国家税务总局根据上述规定将退税率通过出口货物劳务退税率文库予以发布,供征纳双方执行。退税率有调整的,除另有规定外,其执行时间以货物(包括被加工修理修配的货物)出口货物报关单(出口退税专用)上注明的出口日期为准。

2. 出口应税服务的退税率

应税服务出口退税率和境内相同服务的征收率是一致的,有形动产租赁服务的退税率为17%,交通运输业、邮政业的退税率为11%,现代服务业的退税率为6%(有形动产租赁除外)。

3. 退税率的特殊规定

(1) 外贸企业购进按简易办法征税的出口货物、从小规模纳税人购进的出口货物,其退税率分别为简易办法实际执行的征收率、小规模纳税人征收率。上述出口货物取得增值税专用发票的,退税率按照增值税专用发票上的税率和出口货物退税率孰低的原则确定。

(2) 出口企业委托加工修理修配货物,其加工修理修配费用的退税率,为出口货物的退税率。

(3) 中标机电产品、出口企业向海关报关进入特殊区域销售给特殊区域内生产企业生产耗用的列名原材料、输入特殊区域的水电气,其退税率为适用税率。如果国家调整列名原材料的退税率，列名原材料应当自调整之日起按调整后的退税率执行。

适用不同退税率的货物劳务，应分开报关、核算并申报退（免）税，未分开报关、核算或划分不清的，从低适用退税率。

（四）退（免）税的计税依据

出口货物劳务的增值税退（免）税的计税依据，按出口货物劳务的出口发票（外销发票）、其他普通发票或购进出口货物劳务的增值税专用发票、海关进口增值税专用缴款书确定。

（1）生产企业出口货物劳务（进料加工复出口货物除外）增值税退（免）税的计税依据，为出口货物劳务的实际离岸价（FOB）。实际离岸价应以出口发票上的离岸价为准，但如果出口发票不能反映实际离岸价，主管税务机关有权予以核定。

（2）生产企业进料加工复出口货物增值税退（免）税的计税依据，按出口货物的离岸价（FOB）扣除出口货物所含的海关保税进口料件的金额后确定。所谓海关保税进口料件，是指海关以进料加工贸易方式监管的出口企业从境外和特殊区域等进口的料件，包括出口企业从境外单位或个人购买并从海关保税仓库提取且办理海关进料加工手续的料件，以及保税区外的出口企业从保税区内的企业购进并办理海关进料加工手续的进口料件。

（3）生产企业国内购进无进项税额且不计提进项税额的免税原材料加工后出口的货物的计税依据，按出口货物的离岸价（FOB）扣除出口货物所含的国内购进免税原材料的金额后确定。

（4）外贸企业出口货物（委托加工修理修配货物除外）增值税退（免）税的计税依据，为购进出口货物的增值税专用发票注明的金额或海关进口增值税专用缴款书注明的完税价格。

（5）外贸企业出口委托加工修理修配货物增值税退（免）税的计税依据，为加工修理修配费用增值税专用发票注明的金额。外贸企业应将加工修理修配使用的原材料（进料加工海关保税进口料件除外）作价销售给受托加工修理修配的生产企业，受托加工修理修配的生产企业应将原材料成本并入加工修理修配费用开具发票。

（6）出口进项税额未计算抵扣的已使用过的设备增值税退（免）税的计税依据，按下列公式确定：

退（免）税计税依据＝增值税专用发票上的金额或海关进口增值税专用缴款书注明的完税价格×已使用过的设备固定资产净值÷已使用过的设备原值

已使用过的设备固定资产净值＝已使用过的设备原值—已使用过的设备已提累计折旧

所谓已使用过的设备，是指出口企业根据财务会计制度已经计提折旧的固定资产。

（7）免税品经营企业销售的货物增值税退（免）税的计税依据，为购进货物的增值税专用发票注明的金额或海关进口增值税专用缴款书注明的完税价格。

（8）中标机电产品增值税退（免）税的计税依据，生产企业为销售机电产品的普通发票注明的金额，外贸企业为购进货物的增值税专用发票注明的金额或海关进口增值税专用缴款书注明的完税价格。

（9）生产企业向海上石油天然气开采企业销售的自产的海洋工程结构物增值税退（免）税的计税依据，为销售海洋工程结构物的普通发票注明的金额。

（10）输入特殊区域的水电气增值税退（免）税的计税依据，为作为购买方的特殊区域内生产企业购进水（包括蒸汽）、电力、燃气的增值税专用发票注明的金额。

（11）增值税零税率应税服务退（免）税的计税依据如下。

①实行免抵退税办法的退（免）税计税依据

以铁路运输方式载运旅客的，按照铁路合作组织清算规则清算后的实际运输收入。以铁路运输方式载运货物的，按照铁路运输进款清算办法，对"发站"或"到站（局）"名称包含"境"字的货票上注明的运输费用以及直接相关的国际联运杂费清算后的实际运输收入。以航空运输方式载运货物或旅客的，如果国际运输或港澳台运输各航段由多个承运人承运的，为中国航空结算有限责任公司清算后的实际收入；如果国际运输或港澳台运输各航段由一个承运人承运的，为提供航空运输服务取得的收入。其他实行免抵退税办法的增值税零税率应税服务，为提供增值税零税率应税服务取得的收入。

②实行免退税办法的退（免）税计税依据为购进应税服务的增值税专用发票或中华人民共和国税收缴款凭证上注明的解缴税款金额。

第二节　消费税

一、消费税概述

（一）消费税的概念

消费税是以特定消费品为课税对象的一种税，是对在我国境内从事生产、委托加工和进口应税消费品的单位和个人就其应税消费品的销售额或销售数量征收的一种税。

消费税虽然是对消费品课征,但并非一切消费品都是应税的。通常,课税的品目是有所选择的。按照征税范围的宽窄,国际上流行把消费税分为有选择的消费税和无选择的消费税两种类型。有选择的消费税只选择部分消费品课税,征税范围主要限于传统的商品品目诸如烟、酒、石油制品、机动车辆等。无选择的消费税对全部或大部分消费品课税。在课征消费税的国家中,大部分国家是实施有选择的消费税,我国也是如此。我国在对货物普遍征收增值税的基础上,选择少数消费品再征收一道消费税,目的是调节产品结构,引导消费方向,保证国家财政收入。

(二)消费税的特点

1. 征收范围具有选择性

消费税只是选择了一部分特殊的消费品、奢侈品、高能耗的消费品和不可再生的资源消费品作为征税对象,而不是对所有消费品都征收消费税。

2. 征收环节具有单一性

绝大多数应税消费品只是在生产环节或进口环节一次性征收消费税,其他环节不征收消费税,金银首饰也只在零售环节征收消费税。目前,只有卷烟在生产和批发两个环节同时征收消费税。因此,总体来看,消费税仍以单环节征税为主。

3. 征收方法具有灵活性

消费税可以根据征税对象的不同特点确定不同的征收方法,既采取依消费品的数量实行从量定额的征收方法,又采取依消费品的价格实行从价定率的征收方法。

4. 税率水平具有差别性

消费税是根据不同的消费品的种类、档次或消费品中某一成分的含量,以及国家的产业政策和消费政策,消费品的市场供求状况或价格水平等情况规定高低不等的比例税率或定额税率。

二、消费税的计算

(一)基本计税方法

消费税实行从价定率或从量定额的方法计算应纳税额。

1. 从价定率计税

从价定率计税,是指根据应税消费品的价格和税法规定的税率计算消费税应纳税额的方法。其基本计算公式为：

$$应纳税额＝应税消费品的销售额×比例税率$$

正确计算应纳税额的关键是销售额的确定。销售额为纳税人销售应税消费品向购买方收取的全部价款和价外费用。

价外费用是指价外向购买方收取的手续费、补贴、基金、集资费、返还利润、奖励费、违约金、滞纳金、延期付款利息、赔偿金、代收款项、代垫款项、包装费、包装物租金、储备费、优质费、运输装卸费以及其他各种性质的价外收费。但下列项目不包括在内：①承运部门的运输费用发票开具给购买方的，同时纳税人将该项发票转交给购买方的代垫运输费用。②由国务院或者财政部批准设立的政府性基金，由国务院或者省级人民政府及其财政、价格主管部门批准设立的行政事业性收费，收取时开具省级以上财政部门印制的财政票据，所收款项全额上缴财政。同时符合上述条件的纳税人代为收取的政府性基金或者行政事业性收费。

其他价外费用，无论是否属于纳税人的收入，均应并入销售额计算征税。

确定销售额还应注意以下几点。

（1）应税消费品的销售额，不包括应向购货方收取的增值税税款。由于消费税和增值税实行交叉征收，消费税实行价内税，增值税实行价外税，因此实行从价定率征收消费税的消费品，其消费税税基和增值税税基是一致的，即都是以含消费税不含增值税的销售额作为计税依据。如果纳税人应税消费品的销售额中未扣除增值税税款或者因不得开具增值税专用发票而发生价款和增值税税款合并收取的，在计算消费税时，应换算为不含增值税税款的销售额。其换算公式为：

$$应税消费品的销售额＝含增值税的销售额÷（1+增值税税率或征收率）$$

在使用换算公式时，应根据纳税人的具体情况分别使用增值税税率或征收率。如果消费税的纳税人同时又是增值税一般纳税人，应适用17%的增值税税率；如果消费税的纳税人是增值税小规模纳税人，应适用3%征收率。

（2）应税消费品连同包装物销售的，无论包装物是否单独计价，也不论在会计上如何核算，均应并入应税消费品的销售额中征收消费税。如果包装物不作价随同产品销售，而是收取押金，且单独核算又未过期的，此项押金则不应并入应税消费品的销售额中征税。但对因逾期未收回的包装物不再退还的和已收取1年以上的押金，应并入应税消费品的销售额，按照应税消费品的适用税率征收消费税。

对既作价随同应税消费品销售，又另外收取的包装物押金，凡纳税人在规定的期限内不予退还的，均应并入应税消费品的销售额，按照应税消费品的适用税率征收消费税。

对酒类产品生产企业销售酒类产品（除啤酒、黄酒）而收取的包装物押金，无论押金是否返还与会计上如何核算，均应并入酒类产品销售额中，依酒类产品的适用税率征收消费税。对销售啤酒、黄酒收取的押金，按照一般规定处理。

（3）纳税人通过自设非独立核算门市部销售的自产应税消费品，应当按照门市部对外销售额或者销售数量征收消费税。

（4）纳税人用于换取生产资料和消费资料、投资入股和抵偿债务等方面的应税消费品，应当以纳税人同类应税消费品的最高销售价格作为计税依据计算消费税。

（5）卷烟批发环节计税依据为纳税人批发卷烟的销售额（不含增值税）。

（6）白酒生产企业销售给销售单位的白酒，生产企业消费税计税价格低于销售单位对外销售价格（不含增值税，下同）70%以下的，应由税务机关核定消费税最低计税价格。税务机关应根据生产规模、白酒品牌、利润水平等情况在销售单位对外销售价格50%至70%范围内自行核定。其中生产规模较大、利润水平较高的企业生产的需要核定消费税最低计税价格的白酒，税务机关核价幅度原则上应选择在销售单位对外销售价格60%至70%范围内。

已核定最低计税价格的白酒，生产企业实际销售价格高于消费税最低计税价格的，按实际销售价格申报纳税；实际销售价格低于消费税最低计税价格的，按最低计税价格申报纳税。销售单位对外销售价格持续上涨或下降时间达到3个月以上、累计上涨或下降幅度在20%（含）以上的白酒，税务机关重新核定最低计税价格。

（7）纳税人应税消费品的计税价格明显偏低又无正当理由的，由主管税务机关核定其计税价格。其中，卷烟、白酒和小汽车的计税价格由国家税务总局核定，送财政部备案；其他应税消费品的计税价格由省、自治区和直辖市国家税务总局核定；进口的应税消费品的计税价格由海关核定。

（8）纳税人销售的应税消费品，以人民币以外的货币结算销售额的，其销售额的人民币折合率可以选择销售额发生的当天或者当月1日的人民币汇率中间价。纳税人应在事先确定采用何种折合率，确定后1年内不得变更。

2. 从量定额计税

从量定额计税，是指根据消费品的应税数量和税法规定的单位税额计算消费税应纳税额的方法。其基本计算公式为：

$$应纳税额 = 应税消费品的销售数量 \times 定额税率$$

（1）销售数量的确定

实行从量定额征税办法的计税消费品的计税依据，是应税消费品的数量。

具体为：①销售应税消费品的，为应税消费品的销售数量；②自产自用应税消费品的，为应税消费品的移送使用数量；③委托加工应税消费品的，为纳税人收回的应税消费品数量；④进口的应税消费品，为海关核定的应税消费品进口征税数量。

（2）计量单位的换算标准

税法规定，黄酒、啤酒以吨为税额单位；成品油类以升为税额单位。

3. 从价定率和从量定额复合计税办法

在现行消费税的征税范围中，只有卷烟、白酒采用复合计税办法。其基本计算公式为：

$$应纳税额 = 应税销售额 \times 比例税率 + 应税销售数量 \times 定额税率$$

生产销售卷烟、白酒从量定额计税依据为实际销售数量；进口、委托加工、自产自用卷烟、白酒从量定额计税依据分别为海关核定的进口征税数量、委托方收回数量、移送使用数量。

（二）自产自用应税消费品应纳税额的计算

纳税人自产自用的应税消费品，凡用于其他方面，应当纳税。对于实行从量征税的消费品，应以应税消费品的移送使用数量为计税依据，按规定的单位税额计税。

对于实行从价定率或复合征税的消费品，应区分两种情况分别计算。

（1）有同类消费品的销售价格的，按照纳税人生产的同类消费品的销售价格计算纳税。所谓同类消费品的销售价格，是指纳税人或者代收代缴义务人当月销售的同类消费品的销售价格，如果当月同类消费品各期销售价格高低不同，应按照销售数量加权平均计算，如当月无销售或者当月未完结，应按照同类消费品上月或最近月份的销售价格计算纳税。但销售的应税消费品存在销售价格明显偏低而又无正当理由的，或者无销售价格的情况，不得列入加权平均计算。

（2）没有同类消费品销售价格的，按照组成计税价格计算纳税。

实行从价定率办法计算纳税的组成计税价格计算公式为：

$$组成计税价格 = \frac{成本 + 利润}{1 - 比例税率} = \frac{成本 \times (1 + 成本利润率)}{1 - 比例税率}$$

$$应纳税额 = 组成计税价格 \times 比例税率$$

实行复合计税办法计算纳税的组成计税价格计算公式为：

$$组成计税价格 = \frac{成本 + 利润 + 自产自用数量 \times 定额税率}{1 - 比例税率}$$

$$= \frac{成本 \times (1 + 成本利润率) + 自产自用数量 \times 定额税率}{1 - 比例税率}$$

上述公式的"成本"是指应税消费品的产品生产成本,"利润"是指根据应税消费品的全国平均成本利润率计算的利润。

(三) 委托加工应税消费品应纳税额的计算

1. 委托加工应税消费品的确定

委托加工的应税消费品是指由委托方提供原料和主要材料,受托方只收取加工费和代垫部分辅助材料加工的应税消费品。确定委托加工业务必须同时符合两个条件:一是原材料必须由委托方提供;二是受托方只能收取加工费或代垫部分辅助材料。对于由受托方提供原材料生产的应税消费品,或者受托方先将原材料卖给委托方,然后再接受加工的应税消费品,以及由受托方以委托方名义购进原材料生产的应税消费品,不论纳税人在财务上是否作销售处理,都不得作为委托加工应税消费品,而应当按照销售自制应税消费品缴纳消费税。这一规定的实质就是,受托方不得参与原材料的提供,否则与自产自销混淆不清,而自产自销与委托加工是两种不同的业务,有不同的税收待遇,应该严格区分。

2. 委托加工应税消费品应纳消费税额的计算

对于符合税法规定条件的委托加工的应税消费品,无论委托方还是受托方均需作出相应的税务处理。具体来说,由委托方承担纳税义务,受托方承担代收代缴义务。税款计算按以下两种情况处理。

(1) 受托方有同类消费品销售价格的,按照受托方同类消费品销售价格计算纳税。同类消费品的销售价格是指受托方(即代收代缴义务人)当月销售的同类消费品的销售价格,如果当月同类消费品各期销售价格高低不同,应按销售数量加权平均计算。但销售价格明显偏低又无正当理由的,或者无销售价格的,不得列入加权平均计算。如果当月无销售或者当月未完结,应按照同类消费品上月或最近月份的销售价格计算纳税。

(2) 受托方没有同类消费品销售价格的,按组成计税价格计算纳税。

实行从价定率办法计算纳税的组成计税价格计算公式为:

$$组成计税价格 = \frac{材料成本 + 加工费}{1 - 比例税率}$$

$$应纳税额 = 组成计税价格 \times 比例税率$$

实行复合计税办法计算纳税的组成计税价格计算公式为:

$$组成计税价格 = \frac{材料成本 + 加工费 + 委托加工数量 \times 定额税率}{1 - 比例税率}$$

应纳税额=组成计税价格×比例税率+委托加工数量×定额税率

公式中的"材料成本"是指委托方所提供加工材料的实际成本。委托加工应税消费品的纳税人必须在委托加工合同上如实注明（或以其他方式提供）材料成本，凡未提供材料成本的，受托方所在地主管税务机关有权核定其材料成本。"加工费"是指受托方加工应税消费品向委托方所收取的全部费用（包括代垫辅助材料的实际成本，不包括增值税税金）。

对于确属委托加工的应税消费品，由受托方在向委托方交货时代收代缴消费税。如果受托方对委托加工的应税消费品未代收代缴或少代收代缴消费税，就要按照《税收征收管理法》的规定承担相应的法律责任，且并不能因此免除委托方补交税款的责任。如果发现委托加工的应税消费品受托方没有代收代缴税款，委托方要补交税款。补征税款的依据是：如果收回的应税消费品已经直接销售的，按销售额计税；收回应税消费品尚未销售或不能直接销售的（如收回后用于连续生产等），按组成计税价格计税。纳税人委托个人加工应税消费品，一律由委托方收回后在委托方所在地缴纳消费税。

委托加工收回的应税消费品，已经由受托方代收代缴消费税的，如果以不高于受托方代收代缴时的计税价格出售的，为直接出售，不再缴纳消费税；如果以高于受托方代收代缴时的计税价格出售的，不属于直接销售，需要按照规定申报缴纳消费税，并准予扣除受托方已经代收代缴的消费税。

（四）外购和委托加工应税消费品已纳税款的扣除

由于某些应税消费品是用外购或委托加工收回已缴纳消费税的应税消费品连续生产出来的，在对这些连续生产出来的应税消费品计算征税时，如果不将原料已纳税款扣除，则会出现重复征税问题。因此，税法规定，对用外购或委托加工收回的应税消费品连续生产应税消费品的，应按当期生产领用数量计算扣除外购或委托加工收回的应税消费品已纳的消费税税款。

1. 扣除范围

（1）以外购或委托加工收回的已税烟丝生产的卷烟。

（2）以外购或委托加工收回的已税化妆品生产的化妆品。

（3）以外购或委托加工收回的已税珠宝玉石生产的贵重首饰及珠宝玉石。

（4）以外购或委托加工收回的已税鞭炮焰火生产的鞭炮焰火。

（5）以外购或委托加工收回的已税摩托车生产的摩托车（如用外购两轮摩托车改装三轮摩托车）。

（6）以外购或委托加工收回的已税杆头、杆身和握把为原料生产的高尔夫球杆。

（7）以外购或委托加工收回的已税木制一次性筷子为原料生产的木制一次性筷子。

（8）以外购或委托加工收回的已税实木地板为原料生产的实木地板。

（9）以外购或委托加工收回的已税汽油、柴油、石脑油、润滑油为原料生产的应税成品油。

从商业企业购进应税消费品连续生产应税消费品，符合抵扣条件的，准予扣除外购应税消费品已纳消费税税款。

纳税人用外购或委托加工收回的已税珠宝玉石生产的改在零售环节征收消费税的金银首饰，在计税时一律不得扣除外购或委托加工收回的珠宝玉石的已纳消费税税款。

卷烟消费税在生产和批发两个环节征收后，批发企业在计算纳税时不得扣除已含的生产环节的消费税税款。

2. 抵扣税款的计算

上述当期准予扣除外购应税消费品已纳税款的计算公式为：

当期准予扣除外购应税消费品已纳税款＝当期准予扣除外购应税消费品买价×外购应税消费品适用税率

当期准予扣除外购应税消费品买价＝期初库存的外购应税消费品买价＋当期购进的外购应税消费品买价—期末库存的外购应税消费品买价

外购应税消费品的买价是指购货发票上注明的销售额（不包括增值税额）。

如果工业企业自己不生产应税消费品，而只是购进后再销售应税消费品，其销售的化妆品、高档护肤护发品、鞭炮焰火和珠宝玉石，凡不构成最终消费品直接进入消费市场，而需要进一步生产加工、包装、贴标、组合的珠宝玉石、化妆品、酒、鞭炮焰火等，在计算消费税时允许扣除上述外购应税消费品的已纳税款。

上述当期准予扣除委托加工收回的应税消费品已纳消费税税款的计算公式为：

当期准予扣除委托加工收回的应税消费品已纳消费税税款＝期初库存的委托加工应税消费品已纳税款＋当期收回的委托加工应税消费品已纳税款—期末库存的委托加工应税消费品已纳税款

第三节 关税

一、关税概述

（一）关税的概念

关税是国际通行的税种，由海关对进出国境或关境的货物或物品所征收的一种税。

国境与关境是两个既有联系又不完全相同的概念。所谓国境，是指一个主权国家行使行政权力的领域范围，包括国家的全部领土、领海和领空；所谓关境，是指一个国家的海关法令全面实施的领域。一般而言，国境和关境是一致的，商品进出国境也就是进出关境。但是二者也有不一致的情况。当一个国家在境内设立自由贸易港、自由贸易区或保税区时，商品进出自由港（区）可以免征关税，这时该国的关境小于国境。当几个国家组成关税同盟，成员国之间互相取消关税，对外实行共同的关税税则时，就各成员国而言，关境大于国境。所谓进出国境或关境，具体分为进入国境或关境与输出国境或关境。对进入国境或关境的货物或物品的征税为进口关税，对输出国境或关境的货物或物品的征税为出口关税。

关税与增值税、消费税相比，虽然都属于商品课税，但是增值税和消费税是对国内生产或消费的商品进行征税，而关税则是对进出国境或关境的商品进行征税。从这个意义上说，增值税和消费税可以称作国内商品税，关税可以称作进出口商品税。

（二）关税的作用

1. 有利于维护国家主权和经济利益

对进出口货物征收关税，表面上看似乎只是一个与对外贸易相联系的税收问题，其实一国采取什么样的关税政策直接关系到国与国之间的主权和经济利益。历史发展到今天，关税已成为各国政府维护本国政治、经济权益，乃至进行国际经济斗争的一个重要武器。我国根据平等互利和对等原则，通过关税复式税则的运用，争取国际关税互惠并反对他国对我国进行关税歧视，促进对外经济技术交往，扩大对外经济合作。

2. 有利于保护与扶持本国产业的发展

在国际市场上实行自由贸易，使各国根据自己的资源优势生产其成本最低、绝对有利的产品，可使整个世界的生产取得最大收益。但在各国经济发展很不平衡的条件下，如果一味实行自由贸易，只会使一些经济发达国家处于有利地位。各国在国际贸易中大都采取保护政策。关税是公认的实行贸易保护的合法手段。通过征收进口关税，可以提高进口商品的销售价格，削弱其在国内市场上同本国商品的竞争能力，达到保护国内幼稚产业或弱小产业的目的。同时，通过提高进口商品的销售价格，也可维持乃至提高国内同类产品的销售价格，对鼓励国内产品的生产具有重要作用。对某些资源产品征收出口关税，可以防止资源大量外流，避免给本国经济发展造成重大损失。

3. 有利于调节国内市场的商品供求关系

在开放经济社会中，国内市场的商品供求关系在很大程度上取决于商品的进口和出口。在国内市场商品供求基本平衡的条件下，如果进口大于出口，就会出现供过于求的局面；反之，则会出现供不应求的局面。在国内市场供不应求的条件下，通过使进口大于出口，或者在国内市场供过于求的条件下，通过使出口大于进口，就会使国内市场趋于供求平衡。征收关税是调节商品进出口的一个重要手段。在国内市场商品供求基本平衡的情况下，通过调整关税政策，使商品的进口和出口大体保持平衡，有助于国内市场的供求平衡。在国内市场供不应求或供过于求的情况下，通过降低进口关税、提高出口关税，或提高出口关税、降低进口关税，也可使国内市场趋于供求平衡。

4. 调节外汇收支，维持国际收支平衡

一个国家如果进口商品数量过大，无法用出口商品换取足够的外汇，就会出现国际收支逆差。为了缩小国际收支逆差，有必要限制商品进口数量。关税是限制商品进口数量的一个有效手段，也是维持国际收支平衡的一个重要杠杆。

5. 筹集国家财政收入

从世界大多数国家尤其是发达国家的税制结构分析，关税收入在整个财政收入中的比重不大，并呈下降趋势。但是，一些发展中国家，其中主要是那些国内工业不发达、工商税源有限、国民经济主要依赖于某种或某几种初级资源产品出口，以及国内许多消费品主要依赖于进口的国家，征收进出口关税仍然是他们取得财政收入的重要渠道之一。我国关税收入是财政收入的重要组成部分，新中国成立以来，关税为经济建设提供了可观的财政资金。目前，发挥关税在筹集建设资金方面的作用，仍然是我国关税政策的一项重要内容。

（三）关税的种类

依据不同的标准，关税可以划分为不同的种类。

1. 按货物的流向划分

可分为进口税、出口税和过境税。

(1) 进口税

是指进口国海关在外国货物进口时所征收的关税。一般是在货物进入国境或关境时征收，或在货物从海关保税仓库中转出，投入国内市场时征收。进口税是关税中最基本的一种，在许多不征出口税和过境税的国家，关税指的就是进口关税。

进口税可以分为正税和附加税。正税是指按照税则中法定税率征收的进口税；附加税是在征收正税的基础上额外加征的关税，附加税通常具有一定的限制性作用，主要为了保护国内的生产或增加财政收入。

(2) 出口税

是指出口国海关在本国货物出口时征收的关税。目前，世界上许多国家为了增强本国出口商品在国际市场上的竞争能力，一般不征或者只对较少的产品征收出口关税。有些国家出于保护本国资源或增加财政收入等考虑，仍对某些货物征收出口税。

(3) 过境税

也叫转口税，是指一国海关对通过本国国境或关境，销往第三国的外国货物征收的一种关税。在重商主义时期，过境税曾盛行于欧洲各国，其目的是增加国家财政收入。由于过境货物对国内生产和市场没有影响，又能促进本国运输业和服务业的发展，国家通过交通运输、港口使用、仓储保管等行业提供的收入远比征收过境税更有意义。所以随着国际交通的发达，自19世纪下半叶起各国相继取消了过境税，只是在外国货物过境时，征收少量的准许费、印花费、签证费、统计费等。

2. 按关税的征收目的划分

可分为财政关税和保护关税。

(1) 财政关税

是以增加国家财政收入为主要目的而课征的关税。关税在其产生后很长一段历史时期内是属于这类关税。通常财政关税的税率比保护关税低，这有助于外国商品的大量输入和增加财政收入。但是征收财政关税必然会影响商品的成本，影响市场供求，进而影响国内经济的发展，因此随着资本主义经济的发展，财政关税逐渐被保护关税所代替。

(2) 保护关税

是以保护本国经济发展为主要目的而课征的关税。保护关税主要是进口税，税率较高，有的甚至高达百分之几百。保护关税源于重商主义时期，当时对外国货物一律课以高税，以限制其进口，保护本国的工场手工业、商业和航运业的发展。在现代，各国保护关税的保护重点又有所不同，发展中国家通过关税保护国内新兴的幼稚产业，使其免受更先进国家的工业制成品竞争，而发达国家则以保护其垄断资本的出口产品为主，尤其是国际市场上竞争激烈的敏感商品。

3. 按关税的计征标准划分

可分为从价关税、从量关税、复合关税、选择关税、滑准税。

（1）从价关税

是以进口货物的完税价格为计税依据，按比例税率计算征收的关税。

（2）从量关税

是以进口货物的重量、长度、容量、面积等计量单位为计税依据，按定额税率计算征收的关税。

（3）复合关税

是对同一种进口商品同时采用从价、从量两种标准课征的关税。课征时，按两种税率分别计算出税额，以两个税额之和作为该商品的应征关税税额。复合关税既可以减少物价波动对财政收入的影响，又可以有效发挥两种计税方法的各自优点。

（4）选择关税

是对同一种进口商品同时规定从价与从量两种税率，征税时由海关选择其中一种税率计征的关税。选择的目的，或是为了避免物价波动影响财政收入，或是为了抑制质次价廉的货物进口。该税在具体运用中一般是选择其税额较高的一种征税。

（5）滑准税

是一种关税税率随进口商品价格由高到低而由低至高设置计征关税的方法。当进口商品价格高时征低税或不征，价格低时征高税。目的是使进口商品在征税后保持在一个预期的价格水平上，以稳定国内市场商品价格。

4. 按税率制定划分

可分为自主关税和协定关税。

（1）自主关税

又称国定关税，指一个国家基于其主权，独立自主地制定并有权修订的关税，包括关税税率及各种法规、条例。国定税率一般高于协定税率，适用于没有签订关税贸易协定的国家。

（2）协定关税

指两个或两个以上的国家，通过缔结关税贸易协定而制定的关税税率。协定关税有双边协定税率、多边协定税率和片面协定税率。双边协定税率是两个国家达成协议而相互减让的关税税率。多边协定税率,是两个以上的国家之间达成协议而相互减让的关税税率,如关税及贸易总协定中的相互减让税率的协议。片面协定税率是一国对他国输入的货物降低税率,为其输入提供方便,而他国并不以降低税率回报的税率制度。

5. 按差别待遇和特定的实施情况划分

可分为加重关税和优惠关税。

(1) 加重关税

是指进口国因歧视、报复、保护、经济等方面的原因,对某些国家输入的进口商品按高于正常的税率征收进口关税。主要包括如下。

①反倾销关税:对外国向本国倾销的商品,在一般进口税之外再加征一道附加税。

②反贴补关税:是对在其本国接受各种出口补贴的外国商品以低于正常价格进口时所征收的一种附加税,税额一般与该商品所接受的补贴数额相等。

③差价税:又称差额税。当某种本国生产的产品国内价格高于同类的进口商品价格时,为了削弱进口商品的竞争能力,保护国内生产和国内市场,按国内价格与进口价格之间的差额征收的关税。

④报复关税:是对歧视本国商品输入的国家,在其商品进口时采用的高税率关税。

(2) 优惠关税

是指对来自某些国家的进口商品按低于正常的税率征收进口关税。常见的如下。

①互惠关税:是指两国相互间给予对方优惠税率的一种协定关税。

②特惠关税:是对有特殊关系的国家,单方面或相互间采用的特别低的进口税率甚或免税的一种关税。

③最惠国待遇关税:是指缔约国双方通过签约商定,其中一方现在和将来给予任何第三国的关税优惠,缔约国另一方也同样享受。

④普遍优惠制关税:简称普惠制。它是发展中国家在联合国贸易与发展会议上经过长期斗争,在20世纪60年代通过建立普惠制决议后取得的。该决议规定,发达国家承诺对从发展中国家或地区输入的商品,特别是制成品和半成品,给予普遍的、非歧视性的和非互惠的优惠关税待遇。普惠制税率比最惠国税率低。

二、关税的计算

(一) 关税的完税价格

1. 一般进口货物的完税价格

进口货物的完税价格以海关审定的成交价格为基础审查确定。完税价格包括货价，加上货物运抵我国关境内输入地点起卸前的包装费、运费、保险费和其他劳务费用。进口货物的成交价格是指买方为购买该货物，并按《中华人民共和国海关审定进出口货物完税价格办法》（以下简称《完税价格办法》）的规定调整后实付或应付价格。

"实付或应付价格"是指买方为购买进口货物直接或间接支付的价款总额，即买方向卖方或者为履行卖方义务向第三方已经支付或将要支付的全部款项。

如果下列费用或者价值未包括在进口货物的实付或者应付价格中，则应调整计入完税价格：第一，由买方负担的除购货佣金以外的佣金和经纪费、与该货物视为一体的容器费用、包装材料费用和包装劳务费用；第二，与进口货物的生产和向中华人民共和国境内销售有关的，由买方以免费或者以低于成本的方式提供，并可以按适当比例分摊的下列货物或者服务的价值：进口货物包含的材料、部件、零件和类似货物，在生产进口货物过程中使用的工具、模具和类似货物，在生产进口货物过程中消耗的材料，在境外进行的为生产进口货物所需的工程设计、技术研发、工艺及制图等相关服务；第三，卖方直接或者间接从买方对该货物进口后销售、处置或者使用所得中获得的收益；第四，买方需向卖方或者有关方直接或者间接支付的特许权使用费，但是符合下列情形之一的除外：特许权使用费与该货物无关；特许权使用费的支付不构成该货物向中华人民共和国境内销售的条件。

在确定关税完税价格时，下列费用如果单独列明，不得计入关税完税价格：第一，厂房、机械、设备等货物进口后的基建、安装、装配、维修和技术服务的费用；第二，货物运抵境内输入点之后的运输费用、保险费用和其他相关费用；第三，进口关税和其他国内税收。

如果进口货物的成交价格经海关审查未能确定，或者因进口人申报的成交价格明显低于境内其他单位进口的大量成交的相同或类似货物的价格，或明显低于海关掌握的相同或类似货物的国际市场公开成交货物的价格，而又不能提供合法证据和正当理由，致使海关不接受进口人申报的成交价格，这时，海关可依次以下列价格为基础估定完税价格。

(1) 相同货物成交价格方法

即以该项进口货物同时或大约同时进口的相同货物的成交价格为基础，估定完税价格。"相同货物"是指与进口货物在同一出口国家或地区生产的在物理性质、质量和信誉等所有方面都相同的货物,但表面的微小差异允许存在。

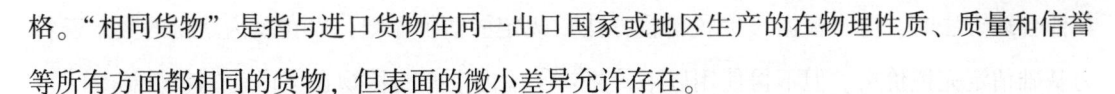

(2) 类似货物成交价格方法

即以该项进口货物同时或大约同时进口的类似货物的成交价格为基础,估定完税价格。"类似货物"是指与进口货物在同一出口国家或地区生产的,虽然不是在所有方面都相同,但却具有相似的特征、相似的组成材料、同样的功能,并且在商业中可以互换的货物。

(3) 倒扣价格方法

即以该项进口货物、相同或类似进口货物在境内销售的价格为基础,估定完税价格。按该价格销售的货物应当同时符合五个条件,即在被估货物进口时或大约同时销售;按照进口时的状态销售;在境内第一环节销售;合计的货物销售总量最大;向境内无特殊关系方的销售。

以该方法估定完税价格时,下列各项应当扣除。

①该货物的同等级或同种类货物,在境内销售时的利润和一般费用及通常支付的佣金。

②货物运抵境内输入地点之后的运费、保险费、装卸费及其他相关费用。

③进口关税、进口环节税和其他与进口或销售上述货物有关的国内税。

为简化计税办法,进口后的各项费用及利润可按完税价格的20%估定,按下列公式计算完税价格:

$$完税价格 = \frac{国内销售价格}{1 + 进口关税税率 + 20\%}$$

如果该项进口货物在进口环节应缴纳消费税,则应扣除该税后计算完税价格:

$$完税价格 = \frac{国内销售价格}{(1 + 进口关税税率) \div (1 - 消费税税率) + 20\%}$$

(4) 计算价格方法

计算价格方法即按下列各项的总和计算出的价格估定完税价格。有关项目为:①生产该货物所使用的原材料价值和进行装配或其他加工的费用。②与向境内出口销售同等级或同种类货物的利润、一般费用相符的利润和一般费用。③货物运抵境内输入地点起卸前的运输及相关费用、保险费。

(5) 其他合理方法

按照上述次序仍不能确定货物的完税价格时,由海关按照其他合理的方法估定。使用其他合理方法时，应当根据《完税价格办法》规定的估价原则，以在境内获得的数据资料为基础估定完税价格。但不得使用以下价格：①境内生产的货物在境内的销售价格。②可供选择的价格中较高的价格。③货物在出口地市场的销售价格。④以计算价格方法规定的有关各项之外的价值或费用计算的价格。⑤出口到第三国或地区的货物的销售价格。⑥最低限价或武断虚构的价格。

2. 特殊进口货物的完税价格

（1）进料加工贸易方式进口货物

加工贸易进口料件及其制成品需征税或内销补税的，海关按照一般进口货物的完税价格确定，审定完税价格。其中几项如下。

①进口时应当征税的进料加工进口料件，以该料件申报进口时的成交价格为基础审查确定完税价格。

②进料加工进口料件或者其制成品（包括残次品）内销时，海关以料件原进口成交价格为基础审查确定完税价格。料件原进口成交价格不能确定的，海关以接受内销申报的同时或者大约同时进口的与料件相同或者类似的货物的进口成交价格为基础审查确定完税价格。

③来料加工进口料件或者其制成品（包括残次品）内销时，海关以接受内销申报的同时或者大约同时进口的与料件相同或者类似的货物的进口成交价格为基础审查确定完税价格。

④加工企业内销加工过程中产生的边角料或者副产品，以海关审查确定的内销价格作为完税价格。

加工贸易内销货物的完税价格按照前款规定仍然不能确定的，由海关按照合理的方法审查确定。

（2）保税区、出口加工区货物

从保税区或出口加工区销往区外、从保税仓库内销的进口货物（加工贸易进口料件及其制成品除外），以海关审定的价格估定完税价格。对经审核销售价格不能确定的，海关应当按照一般进口货物估价办法的规定，估定完税价格。如销售价格中未包括在保税区、出口加工区或保税仓库中发生的仓储、运输及其他相关费用的，应当按照客观量化的数据资料予以计入。

（3）运往境外加工的货物

运往境外加工的货物，出境时已向海关报明并在海关规定期限内复运进境的，应当以境外加工费和料件费以及该货物复运进境的运输及其相关费用、保险费为基础审查确定完税价格。

(4) 运往境外修理的货物

运往境外修理的机械器具、运输工具或者其他货物，出境时已向海关报明并在海关规定的期限内复运进境的，应当以境外修理费和料件费为基础审查确定完税价格。

(5) 租赁方式进口货物

以租金方式对外支付的租赁货物，在租赁期间以海关审查确定的租金作为完税价格，利息应当予以计入；而留购的租赁货物则以海关审查确定的留购价格作为完税价格。纳税义务人申请一次性缴纳税款的，经海关同意，按照一般进口货物估价办法的规定估定完税价格。

(6) 暂时进境货物

对于海关批准的暂时进境货物，应当按照一般进口货物估价办法的规定，估定其完税价格。

(7) 留购的进口货样等

对于国内单位留购的进口货样、展览品和广告陈列品，以海关审定的留购价格作为完税价格。

(8) 予以补税的减免税货物

按照特定减免税办法减税或免税进口的货物需予补税时，应当以海关审定的该货物原进口时的价格，扣除折旧部分价值作为完税价格。其计算公式如下：

完税价格＝该货物原进口时的价格×［1−申请补税时实际已使用的时间（月）÷（监管年限×12）］

(9) 以其他方式进口的货物

以易货贸易、寄售、捐赠、赠送等其他方式进口的货物，应当按照一般进口货物估价办法的规定，估定完税价格。

3. 出口货物的完税价格

出口货物的完税价格，由海关以该货物向境外销售的成交价格为基础审查确定，并应包括货物运至我国境内输出地点装载前的运输及其相关费用和保险费，但其中包含的出口关税税额，应当扣除。其计算公式为：

$$完税价格 = \frac{离岸价格}{1 + 出口关税税率}$$

出口货物的成交价格，是指该货物出口销售到我国境外时买方向卖方实付或应付的价格。出口货物成交价格中含有支付给国外的佣金，如果单独列明，应予扣除。

出口货物成交价格如为境外口岸的到岸价格或货价加运费价格时，应先扣除运费、保险费后，再按公式计算完税价格。

出口货物的成交价格不能确定时，完税价格由海关依次使用下列方法予以估定：①同时或大约同时向同一国家或地区出口的相同货物的成交价格。②同时或大约同时向同一国家或地区出口的类似货物的成交价格。③根据境内生产相同或类似货物的成本、利润和一般费用、境内发生的运输及其相关费用、保险费计算所得的价格。④按照合理方法估定的价格。

4. 进出口货物完税价格中的运输及相关费用、保险费的计算

（1）以一般陆、空、海运方式进口货物

以一般陆、空、海运方式进口货物运费和保险费应按实际支出费用计算；无法确定的应估算，其中运费按运费率计算，保险费可按照"货价加运费"的3‰估算。

（2）以其他方式进口货物

以邮运方式进口货物，以邮费作为运输、保险等相关费用；以境外边境口岸价格条件成交的铁路或公路运输进口货物，按货价的1%计算运输及相关费用、保险费。

（3）出口货物

出口货物的销售价格如果包括离境口岸到境外口岸之间的运输、保险费的，该运费、保险费应当扣除。

（二）关税应纳税额的计算

1. 从价关税应纳税额的计算

从价关税应纳税额的计算公式为：

$$关税税额＝应税进（出）口货物数量×单位完税价格×适用税率$$

2. 从量关税应纳税额的计算

从量关税应纳税额的计算公式为：

$$关税税额＝应税进（出）口货物数量×单位货物税额$$

3. 复合关税应纳税额的计算

我国目前的复合关税都是先计征从量关税，再计征从价关税，其计算公式为

$$关税税额＝应税进（出）口货物数量×单位货物税额＋应税进（出）口货物数量×单位完税价格×适用税率$$

（三）非贸易性物品进口税的计算

非贸易性进口物品主要指入境旅客或运输工具上的服务人员随身携带的物品、个人邮

递物品、馈赠物品以及其他方式入境的个人物品。对这些物品征收的进口税包括关税、增值税和消费税，实行两税合并征收。

1. 非贸易性物品的进口税率

非贸易性进口物品按产品品种实行产品差别比例税率。近年来，行邮税由原来的10%、20%、30%、50%四档税率，调整为15%、30%和60%三档税率。其中，15%税率对应最惠国税率为零的商品；60%税率对应征收消费税的高档消费品；其他商品执行30%税率。

2. 非贸易性物品进口税额的计算

非贸易性物品进口税采用从价计征。完税价格由海关参照该项物品的境外正常零售平均价格确定。由于个人进口物品来自世界各地，数量零星、品种繁杂，价格不一，为解决完税价格审定工作的困难，建立统一的审价尺度，海关总署编印了《进境旅客行李物品和个人邮递物品完税价格表》，作为完税价格依据，由全国海关统一执行。进口旧物品，海关按新旧程度折价计算完税价格，计征进口税。

应税进口物品由海关按照填发税款缴纳证当日有效的税率和完税价格计征进口税。其计算公式为：

$$进口税税额 = 完税价格 \times 进口税税率$$

纳税人应当在海关放行应税个人自用物品之前缴清税款。

第六章 所得课税与财产课税

第一节 所得课税

一、所得税概述

(一) 所得税的含义

所谓所得税,就是以所得为课税对象,向取得所得的纳税人课征的税。所得税的课税对象是所得。关于所得的概念,国外经济学界有着不同的解释。狭义的解释将所得定义为在一定期间内运用资本或劳力所获得的货币收益或报酬。广义的解释将所得定义为在一定期间内所获得的一切经济利益,而不管其来源怎样,方式如何,是货币收益还是实物收益。较为流行的解释是,所得是指财富的增加额,等于一定期间内的消费支出额加上财富净值的变动额。按照这种解释,凡是能够增加一个人享用物品和劳务的能力的东西,都应该视为所得。所以,无论是经常所得还是偶然所得,无论是可预期所得还是不可预期所得,无论是已实现所得还是未实现所得,都应该视为所得。这种解释实际上属于广义的解释。

在实践中,所得的范围要狭窄得多。通常情况下,课税对象或范围的选择是以交易为基础的,即所得税是对已实现所得的课税。并且,所得税并不是对已实现的总所得征税,从总所得中扣除必要的费用之后才是应税所得。

就个人所得税而言,征税的所得项目一般由工资、薪金、股息、利息、租金、特许权使用费以及资本利得等构成。可以从个人总所得中扣除的必要的费用主要由两个部分构成:一部分是为取得收入而必须支付的有关费用,即所谓"事业经费",如差旅费、午餐费、工作服费、维修费、搬迁费等;另一部分是维持基本生活所需的"生计费"。对前一部分费用,通常是按项目规定扣除标准,但各国的宽严程度有较大差别;对后一部分费用,通常是按家庭成员的构成规定扣除标准,而这又依各国经济发展水平的高低而不同。

就企业所得税而言，应当计税的所得项目通常包括：经营收入，即销售价款减去销售成本之后的销售利润；资本所得，即出售或交换投资的财产，如房地产、股票、特许权使用费等实现的收入；股息收入，即企业作为其他公司的股东而取得的收入；利息收入；财产租赁收入；前期已支付费用的补偿收入，如保险收入等；其他收入，如营业外收入等。同个人所得税计算过程中的扣除项目相比，企业所得税的扣除比较简单，它不存在个人宽免与生计费扣除的问题，可以从总所得中扣除的只有费用开支，而且只能扣除与取得的收入有关的那一部分必要的费用开支。这些费用开支通常包括：经营管理费用，如工资、租金、原材料费用、维修费用、差旅费、利息费用、保险费、广告费；折旧和折耗，如固定资产折旧、资源折耗等；各项税金，即所缴纳的各项税款；其他费用，如坏账、意外损失、法律和会计事务费、研究和发展费用。

（二）所得税的课征范围

1. 个人所得税的课征范围

税收的课征范围是指一个主权国家的税收管辖权及于课税主体（纳税人）和课税客体（课税对象）的范围。要说明个人所得税的课征范围，需要从税收管辖权说起。税收管辖权是国家主权的有机组成部分。在现代国际社会中，所有主权国家对其管辖领域内的一切人和物，均有行使国家主权的权力，税收管辖权就是国家在处理税收事务方面的管理权。

在各国长期实践的基础上，已经为国际公认的税收管辖权原则上大体有两种：一是属地主义原则，它根据地域概念确定，以一国主权所及的领土疆域为其行使税收管辖权的范围，而不论纳税人是否为本国公民或居民。按照属地主义原则所确立的税收管辖权，叫作"收入来源地税收管辖权"。这种税收管辖权确认，收入来源国有权对任何国家的居民或公民取得的来源于其境内的所得课税。二是属人主义原则，它依据人员概念确定，以一国所管辖的公民或居民为其行使税收管辖权的范围，而不论这些公民或居民所从事的经济活动是否发生在本国领土疆域之内。按照属人主义原则所确立的税收管辖权，叫作"居民（公民）税收管辖权"。这种税收管辖权确认，居住国或国籍国有权对居住在其境内的所有居民或具有本国国籍的公民取得的来源于全世界范围的所得课税。因此，各国在个人所得税上的可能课征范围可以概括为：本国居民或公民取得的来源于全世界范围的所得以及外国居民或公民取得的来源于该国疆域范围的所得。也就是说，居民或公民要承担全部所得的纳税义务，非居民或非公民则承担有限纳税义务。

各国要对本国居民或公民取得的来源于全世界范围的所得课征个人所得税，对纳税人居民或公民身份进行认定是前提。公民身份的认定比较容易。由于公民身份的取得必须以拥有国籍为前提条件，各国便多以国籍作为区分公民和非公民的标准。类似的问题也存在于收入来源地税收管辖权的行使上。各国要对外国居民或公民取得的来源于本国境内的所得课征个人所得税，只有在认定外国纳税人与本国具有收入来源地的联结因素的前提下，才可对其来源于本国境内的所得课税。

需要指出的是，居民、公民以及收入来源地的认定标准，虽有国际通行的一般规则，但具体到各国，则还有许多细微的差别，最终还要决定于各国的税法。

2. 公司（或企业）所得税的课征范围

同个人所得税课征范围的原理一样，公司（或企业）所得税的课征范围也是由各国所行使的税收管辖权决定的。将公司（或企业）区分为居民公司（或企业）和非居民公司（或企业），居民公司（或企业）负无限纳税义务，非居民公司（或企业）负有限纳税义务。各国在公司（或企业）所得税上的课征范围可以概括为，居民公司（或企业）取得的来源于全世界范围的所得以及非居民公司（或企业）取得的来源于该国疆域范围内的所得。

居民公司（或企业）的认定标准，也是从"住所""居所"的基本概念延伸出来的。法人的固定住所就是它诞生的地方，即法人登记成立的国家。法人的住所和居所的区别在于，住所是指公司（或企业）的登记成立地，居所是指公司（或企业）的控制和管理机构所在地。因此，各国通行的居民公司（或企业）的认定标准大体有登记注册、总机构和管理中心三种标准：登记注册标准，是依据公司（或企业）的注册登记地点而定的，若公司（或企业）根据本国的法律，在本国登记注册，就是本国的居民公司（或企业）；总机构标准，是依据公司（或企业）的总机构设立地点而定的，若公司（或企业）的总机构设在本国境内，就是本国的居民公司（或企业）；管理中心标准，是依据公司（或企业）实际控制或实际管理中心的所在地而定的。若公司（或企业）的实际控制或实际管理中心所在地在本国境内，就是本国的居民公司（或企业）。凡不在上述标准之内的公司（或企业），均属非居民公司（或企业）。

（三）所得税的类型

在对个人所得征税时，会涉及课征模式的选择，也就是选择实行什么类型的所得税，通常所说的所得税的类型实际上是以对个人不同来源的所得按什么模式课征作为标准来划分的。一般将所得税划分为三种类型：一是分类所得税（也称"分类税制"），即将所得按来源、性质划分为若干类别，对各种不同来源、性质的所得分别计算征收所得税。分类所得税的主要优点是，它可以对不同性质的所得分别采用不同的税率，实行差别待遇。目前我国个人所得税的征收采用的是此种模式。二是综合所得税（也称综合税制），即对纳税人全年各种不同来源的所得加以汇总，综合计算征收所得税。综合所得税的突出优点，就是其最能体现纳税人的实际负担水平，最符合支付能力原则或量能课税的原则。三是分类综合所得税（也称混合税制），即将分类课征和综合计税相结合，先按分类所得税课征，然后再对个人全年总所得超过规定数额以上的部分按累进税率计税。

（四）所得税的课征方法

1. 个人所得税的课征方法

个人所得税的课征方法有从源征收法和申报清缴法两种，各国往往根据不同收入项目同时采用这两种课征方法。

所谓从源征收法，是指在支付收入时代扣代缴个人所得税，即支付单位依据税法负责对所支付的收入项目扣缴税款，然后汇总缴纳。这种方法的主要优点在于：一是可以节约税务机关的人力物力消耗，简化征收管理手续；二是可以避免或减少逃税，及时组织税款入库。

所谓申报清缴法，就是将分期预缴和年终汇算清缴相结合，由纳税人在纳税年度申报全年估算的总收入额，并按估算额分期预缴税款，到年度终了时，再按实际收入额提交申报表，依据全年实际应纳所得税额，对税款多退少补。这种方法的主要优点在于，能够综合个人的各项所得，适合采用累进税率，从而能够发挥所得税的优势。其缺点是，可能会发生逃税现象，在税收征收管理水平低的国家尤为如此。

2. 公司（或企业）所得税的课征方法

各国对公司（或企业）所得税的课征，一般都采用申报纳税方法。通常的情况是，纳税年度由公司（或企业）根据其营业年度确定，但一经确定便不能随意改变，一般在年初填送预计申报表，在年终填送实际申报表；税款实行分季预缴，年终清算，多退少补。

（五）所得课税的功能

概括地说，所得税具有筹集收入和调节经济两大功能。其中，调节经济的功能表现在对收入分配的调节和对经济波动的调节上。所得税的调节经济的功能在当今社会受到各国的普遍重视，所得税成为各国政府促进收入公平分配和稳定经济的一个有力手段。在促进收入公平分配方面，个人所得税通过累进课征可以缩小人们的收入差距，通过税收优惠给予低收入者种种照顾，可以缓解社会矛盾，保持社会稳定。在稳定经济方面，实行累进税率的个人所得税可以发挥自动稳定经济的作用。当经济过热,社会总需求过大时,个人的所得会大幅度增加,原来按较低税率纳税的人要改按较高税率纳税,税收收入会相对增加,而纳税人的税后可支配收入会相对减少,从而可以抑制纳税人的投资和消费冲动,维持经济稳定;反之,当经济萧条,纳税人的收入下降时,适用税率会自动下降,又可以刺激投资和消费,促进经济复苏。具有这种功能的所得税被称为"自动稳定器"或"内在稳定器"。除此之外,政府可以根据社会总供给和总需求的平衡关系灵活调整税负水平,抑制经济波动。当经济增长速度过快,总需求过旺时,提高所得税税负水平;当经济处于萧条时期,社会总需求萎缩时,降低所得税税负水平。

二、企业所得税

(一) 企业所得税的征收制度

1. 企业所得税纳税人和征税范围

企业所得税法规定,在中华人民共和国境内,企业和其他取得收入的组织(以下统称企业)为企业所得税的纳税人。企业所得税法统一了纳税人的认定标准,以是否具有法人资格作为企业所得税纳税人的认定标准,改变了以往内资企业以是否独立核算为条件判定所得税纳税人的认定标准的做法,使内资企业和外资企业的纳税人认定标准完全统一。按此认定标准,企业设有多个不具有法人资格营业机构的,实行由法人汇总纳税。

目前,大多数国家对个人(自然人)以外的组织或者实体课征所得税,一般都是以法人作为纳税主体,因此,企业所得税法以法人组织为纳税人符合国际通行做法。同时,实行法人(公司)税制,也是企业所得税改革的内在要求,有利于更加规范地确定企业纳税义务。在纳税人范围的确定上,按照国际通行做法,将取得经营收入的单位和组织都纳入了征税范围。同时,为增强企业所得税与个人所得税的协调,避免重复征税,明确了个人独资企业和合伙企业不作为企业所得税的纳税人。

企业所得税法将纳税人划分为"居民企业"和"非居民企业",并分别规定其纳税义务,即居民企业承担全面纳税义务,就其境内外全部所得纳税;非居民企业承担有限纳税义务,就其来源于中国境内所得部分纳税。把企业分为居民企业和非居民企业,是为了更好地保障我国税收管辖权的有效行使。税收管辖权是一国政府在征税方面的主权,是国家主权的重要组成部分。根据国际通行做法,我国选择了地域管辖权和居民管辖权的双重管辖权标准,能够最大限度地维护我国的税收利益。同时,为了防范企业避税,对依照外国(地区)法律成立但实际管理机构在中国境内的企业也认定为居民企业;非居民企业还应当就其取得的与其在中国境内设立的机构、场所有实际联系的境外所得纳税。这里所说的"实际管理机构"是指对企业的生产经营、人员、账务、财产等实施实质性全面管理和控制的机构；非居民企业在中国境内所设立的"机构、场所"，是指在中国境内从事生产经营活动的机构、场所，包括管理机构、营业机构、办事机构、工厂、农场、提供劳务的场所、从事工程作业的场所等，非居民企业委托营业代理人在中国境内从事生产经营活动的，包括委托单位和个人经常代其签订合同或者储存、交付货物等，视为非居民企业在中国境内设立机构、场所。

2. 企业所得税征税对象

企业所得税的征税对象，是企业以货币形式和非货币形式从各种来源取得的收入。企业的收入总额包括：销售货物收入，提供劳务收入，转让财产收入，股息、红利等权益性投资收益，利息收入，租金收入，特许权使用费收入，接受捐赠收入，其他收入。

企业取得收入的货币形式包括现金、存款、应收账款、应收票据、准备持有至到期的债券投资以及债务的豁免等。企业取得收入的非货币形式包括固定资产、生物资产、无形资产、股权投资、存货、不准备持有至到期的债券投资、劳务以及有关权益等。企业以非货币形式取得的收入，以公允价值确定收入额。

3. 企业所得税税率

结合我国财政承受能力、企业负担水平，考虑世界上其他国家和地区特别是周边地区的实际税率水平等因素，企业所得税法将企业所得税税率确定为25%。这一税率在国际上属于适中偏低的水平，有利于继续保持我国税制的竞争力，进一步促进和吸引外商投资。居民企业中符合条件的小型微利企业减按20%的税率征税。国家重点扶持的高新技术企业减按15%的税率征税。非居民企业仅就来源于我国境内的所得征税，适用低税率20%（实际减按10%的税率征收）。

（二）企业所得税应纳税额的计算与征收

1. 企业所得税应纳税额的计算

企业所得税应纳税额的计算公式为：

应纳税额=应纳税所得额×适用税率−减免税额−抵免税额

应纳税所得额是企业所得税的计税依据，它是企业每一纳税年度的收入总额减除不征税收入、免税收入、各项扣除以及允许弥补的以前年度亏损后的余额。企业的收入总额包括：销售货物收入，提供劳务收入，转让财产收入，股息、红利等权益性投资收益，利息收入，租金收入，特许权使用费收入，接受捐赠收入，其他收入。准予扣除的项目，是指与企业取得收入有关的成本、费用和损失。企业所得税法对企业实际发生的各项成本费用，包括工资支出、公益性捐赠支出等作出统一的扣除规定，实行一致的政策待遇。在计算应纳税所得额时，企业财务、会计处理办法与税收法律、行政法规的规定不一致的，应当依照税收法律、行政法规的规定计算。

企业支出扣除的原则、范围和标准有如下明确规定。

第一，企业实际发生的与取得收入有关的、合理的支出，包括成本、费用、税金、损失和其他支出，准予在计算应纳税所得额时扣除。

第二，明确了工资薪金支出的税前扣除。实施条例统一了企业的工资薪金支出税前扣除政策，规定企业发生的合理的工资薪金支出准予扣除。

第三，具体规定了职工福利费、工会经费、职工教育经费的税前扣除。旧税法规定，对企业的职工福利费、工会经费、职工教育经费支出分别按照计税工资总额的14%、2%、1.5%计算扣除。一方面，实施条例继续维持了职工福利费和工会经费的扣除标准；另一方面，由于计税工资已经放开，将"计税工资总额"调整为"工资薪金总额"，扣除额也就相应提高。此外，为鼓励企业加强职工教育投入，实施条例规定，除国务院财政、税务主管部门另有规定外，企业发生的职工教育经费支出，不超过工资薪金总额2.5%的部分，准予扣除；超过部分，准予在以后纳税年度结转扣除。

第四，调整了业务招待费的税前扣除。旧税法实行按销售收入的一定比例限额扣除。考虑到商业招待和个人消费之间难以区分，为加强管理，同时借鉴国际经验，实施条例规定：企业发生的与生产经营活动有关的业务招待费支出，按照发生额的60%扣除，但最高不得超过当年销售（营业）收入的0.5%。

第五，统一了广告费和业务宣传费的税前扣除。旧税法对内资企业实行的是根据不同行业采用不同的比例限制扣除的政策，对外资企业则没有限制。实施条例统一了企业的广告费和业务宣传费支出税前扣除政策。实施条例规定，除国务院财政、税务主管部门另有规定外，广告费和业务宣传费支出不超过当年销售（营业）收入15%的部分，准予扣除；超过部分，准予在以后纳税年度结转扣除。

第六，明确了公益性捐赠支出税前扣除的范围和条件。旧税法对内资企业采取在比例内（应纳税所得额的3%以内）扣除的办法，对外资企业没有比例限制。企业发生的公益性捐赠支出，在年度利润总额12%以内的部分，准予在计算应纳税所得额时扣除。同时，对公益性捐赠作了界定：公益性捐赠是指企业通过公益性社会团体或者县级以上人民政府及其部门，用于《中华人民共和国公益事业捐赠法》规定的公益事业的捐赠。

2. 企业所得税征收管理

企业所得税实行按纳税年度计算、分月或者分季预缴、年终汇算清缴、多退少补的办法，其中，纳税年度自公历 1 月 1 日起至 12 月 31 日止。企业应当自月份或者季度终了之日起 15 日内，向税务机关报送预缴企业所得税纳税申报表，预缴税款。企业应当自年度终了之日起 5 个月内，向税务机关报送年度企业所得税纳税申报表，并汇算清缴，结清应缴应退税款。企业在报送企业所得税纳税申报表时，应当按照规定附送财务会计报告和其他有关资料。

综上所述，新企业所得税法与旧税法相比有了很大进步：第一，新的税率确定为 25%，这有助于在国家财政能够承受的前提下降低企业税负，促进经济稳定快速增长。第二，统一内外企业所得税税制，有助于完善市场经济体制，使各类市场主体公平竞争。第三，税前扣除的公益性捐赠支出的比例从 3% 提高到 12%，鼓励企业回报社会。第四，有利于吸引外资。从目前世界上平均 28% 的企业所得税税率来看，25% 是中等偏低的，并且对外商企业采取"新人新办法，老人老办法"的做法，原先享受低税率的外资企业 5 年内可以继续按原税率纳税。第五，实行"产业优惠为主、区域优惠为辅"的政策，并对高新技术企业等给予优惠，从而将对鼓励自主创新、区域协调发展、推进现代农业、加强节能降耗等国家产业政策的实施起到很大的推进作用。

三、个人所得税

(一) 个人所得税的概念

个人所得税是以个人（自然人）取得的各项应税所得为征税对象征收的一种税。我国现行的个人所得税是在 20 世纪末期的税制改革中，在原来的个人所得税、个人收入调节税和城乡个体工商户所得税的基础上合并而成的一个税种。

(二) 个人所得税的征收制度

1. 个人所得税纳税人和征税范围

按税法规定，有纳税义务的中国公民和有从中国境内取得收入的外籍人员，均为个人所得税的纳税人。个人独资企业和合伙企业投资者，也为个人所得税的纳税人。这就是说，个人所得税的纳税人包括中国公民、个体工商户、外籍个人等。

另外，在中国境内有住所，或者虽无住所但在境内居住满 1 年的个人，从中国境内和境外取得的所得，依法缴纳个人所得税；在中国境内无住所又不居住或者无住所而在境内居住不满1年的个人，从中国境内取得的所得，依法缴纳个人所得税。

2. 个人所得税征税对象

个人所得税的征税对象是个人取得的应税所得。个人所得税法列举征税的个人所得共11项，具体包括：工资、薪金所得；个体工商户的生产、经营所得；对企事业单位的承包经营、承租经营所得；劳务报酬所得；稿酬所得；特许权使用费所得；利息、股息、红利所得；财产租赁所得；财产转让所得；偶然所得；经国务院财政部门确定征税的其他所得。

3. 个人所得税减税免税

(1) 有下列情形之一的，经批准可以减征个人所得税

第一，残疾、孤老人员和烈属的所得。

第二，因严重自然灾害造成重大损失的。

第三，其他经国务院财政部门批准减税的。

(2) 免征个人所得税的项目

第一，对符合国务院有关规定适当延长离退休年龄的高级专家，其在延长离退休期间的工资、薪金所得，视同退休工资、离休工资免征个人所得税。

第二，外籍专家取得的工资、薪金所得。

第三，中国科学院院士的院士津贴和中国科学院、工程院资深院士津贴。

第四，军队干部的符合政策规定的津贴、补贴。

第五，国际青少年消除贫困奖。

第六，企业和个人按规定比例提取缴付的住房公积金、医疗保险金、基本养老保险金。

第七，个人领取原提存的住房公积金、医疗保险金、基本养老保险金。

第八，现明确按照国家或省级地方政府规定的比例缴付的住房公积金、医疗保险金、基本养老保险金、失业保险基金存入银行个人账户所取得的利息收入。

(3) 暂免征收个人所得税的项目

第一，个人办理代扣代缴税款手续，按规定取得的扣缴手续费。

第二，外籍个人从外商投资企业取得的股息、红利所得。

第三，对个人转让上市公司股票取得的所得继续暂免征收个人所得税。对个人投资者买卖基金单位获得的差价收入，在对个人买卖股票的差价收入未恢复征收个人所得税以

前，暂不征收个人所得税。

第四，对职工个人以股份形式取得的拥有所有权的企业量化资产，暂缓征收个人所得税，待个人将股份转让时，就其转让数额，减除个人取得该股份时实际支付的费用和合理转让费用后的余额，按"财产转让所得"项目计征个人所得税。

第五，科研机构、高等院校奖励的股份出资比例，经主管税务机关审核后，暂不征收个人所得税。

第六，个人转让自用达5年以并且是唯一的家庭生活用房取得的所得，暂免征收个人所得税。

四、土地增值税

（一）土地增值税概况

土地增值税是对转让国有土地使用权、地上的建筑物及其附着物（以下简称"转让房地产"）而取得的增值额征收的一种税。

近年来，随着我国房地产业的繁荣，达到土地增值税起征标准的项目不断增加，大多数地区陆续恢复了土地增值税的征收，但在执行力度上普遍偏轻。为了强化土地增值税的征管，21世纪初，国务院发出了《关于加强土地增值税管理工作的通知》。此后，有关部门又陆续出台了一些旨在强化土地增值税征管的政策。

（二）土地增值税的征收制度

1. 土地增值税纳税人与征税对象

土地增值税的纳税人是转让国有土地使用权、地上建筑物及其附着物并取得收入的单位和个人，包括内外资企业、行政事业单位、中外籍个人等。土地增值税的基本征税范围包括：转让国有土地使用权；地上建筑物及其附着物连同国有土地使用权一并转让；存量房地产买卖。

2. 土地增值税计税依据

土地增值税的计税依据为转让房地产所取得的增值额，是纳税人转让房地产的收入减除税法规定的扣除项目金额后的余额。

扣除项目金额包括：取得土地使用权所支付的金额（适用新建房转让和存量房地产转让）；开发土地的成本、费用；新建房及配套设施的成本、费用，或者旧房及建筑物的评估价格；与转让房地产有关的税金（包括转让房地产时缴纳的城建税、印花税，教育费附加和地方教育费附加视同税金扣除）；财政部规定的其他扣除项目。

3. 土地增值税税率

土地增值税实行四级超率累进税率。其中，最低一级，增值额未超过扣除项目金额50%的部分，税率为30%；最高一级，增值额超过扣除项目金额200%的部分，税率为60%。

（三）土地增值税的征收管理

土地增值税由税务机关征收。纳税人应在转让房地产合同签订后的7日内，到房地产所在地主管税务机关办理纳税申报，并向税务机关提交房屋及建筑物产权、房产买卖合同、房地产评估报告及其他与转让房地产有关的资料。纳税人因经常发生房地产转让而难以在每次转让后申报的，经税务机关审核同意后，可以定期进行纳税申报，具体期限由税务机关根据情况确定。

第二节　财产课税

一、财产税概述

（一）财产税的类型

根据不同标准，财产税可以分为多种形式。以课征范围为标准，财产税可分为一般财产税和特种财产税。一般财产税也称综合财产税，是对纳税人所拥有的全部财产，按其综合计算的价值进行课征的一种财产税。理论上是如此，但现实中一般财产税并非将纳税人所有的财产都作为计税依据，在课征时通常要考虑到对一定货币数量以下的财产和纳税人日常生活必需品的免税，以及负债的扣除，有的国家一般财产税中还规定了起征点。特种财产税也称特别财产税，是对纳税人的某种财产单独课征的一种财产税。如对土地课征的土地税或地产税，对房屋课征的房产税，对土地和房屋合并征收的房地产税等均属于个别财产税。个别财产税在课征时一般不需要考虑免税和扣除。

以征税对象为标准，财产税可分为静态财产税和动态财产税。静态财产税是对一定时期处于相对静止状态的财产，按其数量或价值进行课征的财产税。如地产税、房产税等均属于静态财产税。其特点是在征收时间上有一定的规律性，通常是定期征收，如房产税一般都是实行按年征收。动态财产税是对财产所有权的转移或变动（如继承、赠与和增值等）征税，即对因无偿转移而发生所有权变动的财产按其价值所课征的财产税，如遗产税、继承税等。动态财产税是以财产所有权的变动和转移为前提课征的，其特点是在财产交易时一次性征收，如遗产税是在发生遗产继承行为时一次性征收的。

以计税依据为标准，财产税可分为从量财产税与从价财产税。从量财产税是指以纳税人的应税财产数量为计税依据，实行从量定额征收的财产税。其特点是纳税人应纳税额的多少，完全取决于其拥有财产的数量，而与其财产的价值无关，因而从量财产税一般不受价格变动的影响。从价财产税是指以纳税人的应税财产的价值为计税依据，实行从价定率征收的财产税。其特点是纳税人应纳税额的多少，视其所拥有财产的价值大小而定，因而从价财产税通常受价格变动的影响较大。从价财产税又可分为财产价值税和财产增值税。所谓财产价值税，就是对拥有所有权或使用权的财产的全部价值计算课征的财产税。在现实中，财产的计税价格又有原始价、重置价和市场价之分。所谓财产增值税，是指对出售或清理资产，售出收入超过购入价格而产生的增值额的课税，即只对财产的现值超过原值的增值部分征税，而不考虑财产的总价值或财产净值。

（二）财产税的一般特征及其优缺点

1. 财产税的一般特征

从财产课税体系的历史发展及当今各国的财产课税制度来看，财产税的一般特征主要表现在以下几个方面。

（1）财产税是对财富的存量课税

作为财产税课税对象的财产，一般是在某一时点个人拥有并受其支配的财富，从整个社会来看，是社会财富处于存量的部分。相对于就商品流转额课征的商品税和就所得额课税的所得税，财产税的课税对象具有明显的非流动性的特点。

（2）财产税多属于直接税，其税负较难转嫁给他人

财产税主要是对使用、消费过程中的财产征收的，而对生产、流通中的财产不征税，因此，财产税很少有转嫁的机会。

（3）财产税一般作为地方税种

与商品税和所得税相比，财产税的课税对象是固定的，而不是流动的，因而财产税具有分散、区域性等特点，由地方政府征收便于掌握和控制税源，所以许多实行分税制的国家大多将财产课税归入地方税体系，作为地方政府的收入来源。

2. 财产税的优缺点

财产税的优点体现为：一是比较符合税收的量能纳税原则。财产是测量社会成员纳税能力的一个重要尺度，即有财产者就有纳税能力。不论按财产价值征税，还是按财产收益征税，都适合社会成员的纳税能力，都能体现公平负担的原则。二是有利于调节收入分配。财产税作为一种直接税，可以防止财产过于集中于社会少数人，调节财富的分配，体现社会分配的公正性。在调节纳税人财产收入方面，财产税可以弥补所得税和流转税的不足。三是财产税收入较稳定。由于财产具有相对稳定性，财产税不易受经济变动等因素的影响，税收收入稳定可靠；加之土地、房产等不动产的位置固定，标志明显，税收不易逃漏，作为课税对象具有收入上的稳定性。

但财产税也有一定的缺点，表现为：一是财产税在收入上弹性小，不能随着财政的需要而筹集资金；二是财产税的征税范围难以普及纳税人的全部财产，无形财产不易征税，造成税负的不公平和不合理；三是财产税一般都是从价计征，估价工作较为复杂，加大了税收征管的工作量和成本；四是财产税容易打击人们投资、工作和储蓄的积极性，从而妨碍资本的形成和积累，影响经济的发展。正因为存在上述缺陷，在现代市场经济条件下，财产税已不再是世界各国税制中的主体税种，而是税制结构中的辅助税种。

二、房产税

房产税是以房产为征税对象，依房产价格或房租收入向产权所有人或经营人征收的一种税。

（一）房产税征税范围和纳税人

1. 房产税征税范围

所谓房产，是指以房屋形态表现的财产，即有屋面和围护结构（有墙或两边有柱），能够遮风避雨，可供人们在其中生产、工作、学习、娱乐、居住或储藏物资的场所。与房屋不可分割的各种附属设施或不单独计价的配套设施，也属于房产，应一并征收房产税；但独立于房屋之外的建筑物（如水塔、围墙、烟囱等），因其不属于房产，不对其征收房产税。

房产税在城市、县城、建制镇和工矿区征收。其中，城市是指国务院批准设立的市。城市的征税范围为市区和郊区，不包括农村；县城是指未设立建制镇的县人民政府所在地；建制镇是指经省、自治区、直辖市人民政府批准设立的建制镇，建制镇的征税范围为镇人民政府所在地，不包括所辖的行政村；工矿区是指工商业比较发达，人口比较集中，符合国务院规定的建制镇的标准，但未设立建制镇的大中型工矿企业所在地，开征房产税的工矿区须经省级人民政府批准。房产税的征税范围不包括农村，其主要目的是减轻农民负担，因为农村的房屋除农副业生产用房外，大部分是农民居住用房。农村房屋不纳入房产税征税范围，有利于农业发展，繁荣农村经济和促进社会稳定。

2. 房产税纳税人

房产税以在征税范围内的房屋产权所有人为纳税人，具体包括经营管理单位、集体单位和个人、房产承典人、房产代管人或使用人。

①产权属于国家所有的，由经营管理的单位缴纳。产权属集体和个人所有的，由集体单位和个人纳税。

②产权出典的，由承典人缴纳。所谓产权出典，是指产权所有人将房屋、生产资料等的产权，在一定期限内典给他人使用而取得资金的一种融资业务。这种业务大多发生于出典人急需用款，但又想保留产权回赎权的情况。承典人向出典人交付一定的典价之后，在质典期内即可获得抵押物品的支配权，并可转典。产权的典价一般要低于卖价。出典人在规定时间内需归还典价的本金和利息，方可赎回出典房屋等的产权。由于在房屋出典期间，产权所有人已无权支配房屋，因此，税法规定由对房屋具有支配权的承典人为纳税人。

③产权所有人、承典人不在房产所在地的，或者产权未确定及租典纠纷未解决的，由房产代管人或者使用人缴纳。所谓租典纠纷，是指产权所有人在房产出典和租赁关系上，与承典人、租赁人发生各种争议，特别是权利和义务的争议。对产权归属不清或租典纠纷尚未解决的房产，规定由代管人或使用人为纳税人，主要目的在于加强征收管理，保证房产税及时入库。

④纳税单位和个人无租使用房管部门、免税单位、纳税单位的房产，由使用人代为缴纳房产税。

上述产权所有人、经营管理单位、承典人、房产代管人或者使用人，统称为纳税义务人（简称"纳税人"）。

（二）房产税计税依据和税率

1. 房产税计税依据

房产税区分为从价计征和从租计征两种计算缴纳形式。

从价计征的，考虑到房屋的自然损耗因素，为了计算便利，房产税依照房产原值一次减除10%~30%后的余值计算缴纳,具体减除幅度,由省、自治区、直辖市人民政府规定。其中,房产原值是指纳税人按照会计制度规定,在账簿"固定资产"科目中记载的房产原值。凡按会计制度规定在账簿中记载有房屋原值的,应以房屋原值按规定减除一定比例后作为房产余值计征房产税。对纳税人未按照会计规定记载的,在计征房产税时,要按规定调整房产原值。对房产原值明显不符的,要重新予以评估。对没有房产原值作为依据的,由房产所在地税务机关参考同类房产核定。房产原值的计算范围应包括与房屋不可分割的各种附属设备或一般不单独计算价值的配套设施。纳税人对原有房屋进行改建、扩建的,要相应增加房屋的原值。在计算房产余值时,房产原值的具体减除比例由省、自治区、直辖市人民政府在税法规定的减除幅度内自行确定。这样规定,既有利于各地区根据本地情况,因地制宜地确定计税余值,又有利于平衡各地税收负担,简化计算手续,提高征管效率。

独立的地下建筑物在进行10%~30%的扣除前对房产的原值进行确认:地下建筑物为工业用途的,以房屋原值的50%~60%作为应税房产原值;地下建筑物为商业及其他用途的,以房屋原值的70%~80%作为应税房产原值。

从租计征的,以房产租金收入为房产税的计税依据。房屋租金收入是房屋产权所有人出租房产使用权所取得的报酬,包括货币收入和实物收入。对以劳务或其他形式作为报酬抵付房租收入的,应根据当地同类房产的租金水平,确定一个标准租金额,依率计征。出租的地下建筑,按照出租地上房屋建筑的有关规定计税。如果纳税人对个人出租房屋的租金收入申报不实或不合理,税务部门可采取科学合理的方法核定其应纳税额。

对投资联营的房产,在计征房产税时应予区别对待。对于以房产投资联营,投资者参与投资利润分红,共担风险的,以房产余值作为计税依据按从价计征房产税;以房产投资,收取固定收入,不承担联营风险的,实际是以联营名义取得房产租金,对其应由出租方按不含增值税的租金收入计算缴纳房产税。

对于融资租赁房屋的情况,由于租赁费包括购进房屋的价款、手续费、借款利息等,与一般房屋出租的"租金"内涵不同,且租赁期满后,当承担方偿还最后一笔租赁费时,房屋产权要转移到承租方,这实际上是一种变相的分期付款购买固定资产的形式,所以在计征房产税时应以房产余值计算征收。

2. 房产税税率

房产税采用比例税率。依照房产余值计算缴纳的,税率为1.2%;依照房产租金收入计算缴纳的,税率为12%。个人出租住房(不分出租后用途),优惠税率为4%。

从价计征的房产税应纳税额的计算公式如下:

$$应纳税额=应税房产原值\times(1-扣除比例)\times 1.2\%$$

从租计征的房产税应纳税额的计算公式如下:

$$应纳税额=租金收入×12\%$$

(三) 房产税减税免税

房产税减税免税的范围如下。

第一,国家机关、人民团体、军队自用的房产免征房产税。其中,人民团体是指经国务院授权的政府部门批准设立或登记备案并由国家拨付行政事业费的各种社会团体,如从事广泛群众性社会活动的团体,从事文学艺术、美术、音乐、戏剧的文艺工作团体,从事社会公益事业的社会公益团体等。自用的房产是指这些单位本身的办公用房和公务用房。这些单位的出租房产以及非自身业务使用的生产、营业用房,不属于免税范围。

第二,由国家财政部门拨付事业经费的单位(包括实行差额预算管理的事业单位)自用的房产免征房产税。自用的房产是指这些单位本身的业务用房。企业办的各类学校、医院、托儿所、幼儿园自用的房产,可以比照由国家财政部门拨付事业经费的单位自用的房产,免征房产税。

第三,公园、名胜古迹自用的房产免征房产税。公园、名胜古迹自用的房产,是指供公共参观游览的房屋及其管理单位的办公用房屋。但是,对公园、名胜古迹中附设的营业单位,如影剧院、饮食部、茶社、照相馆等所使用的房产及出租的房产,应征收房产税。

第四,非营利性医疗机构、疾病控制机构、妇幼保健机构等自用的房产,免征房产税。营利性医疗机构取得的收入直接用于改善医疗卫生条件的,自其取得执业登记之日起3年以内,对其自用的房产免征房产税。

第五,个人拥有的非营业用房产免征房产税。为照顾我国城镇居民目前住房的实际状况,鼓励个人建房、购房、改善住房条件,配合城市住房制度的改革,对个人所有的非营业用房产给予免税。但对个人所有的营业用房或出租等非自用的房产,应按照规定征收房产税。

第六,老年服务机构自用的房产。对政府部门和企事业单位、社会团体以及个人等社会力量投资兴办的福利性、非营利性的老年服务机构,包括老年社会福利院、敬老院、养老院、老年服务中心、老年公寓、老年护理院、康复中心、托老所等,其自用的房产,免征房产税。

第七,为鼓励利用地下人防设施,对于营业用的地下人防设施,暂免征房产税。

第八,经有关部门鉴定的毁损不堪居住的房屋和危险房屋,在停止使用后,免征房产税。

第九,对微利企业和亏损企业的房产,可由地方根据实际情况在一定期限内暂免征房产税。

第十,企业停产、撤销后,对其原有房产闲置不用的,经省级地税局批准暂不征收房产税。

第十一,基建工地为基建施工建造的各种临时性房屋,在施工期间,免征房产税。

第十二,房屋大修停用在半年以上的,经纳税人申请,税务机关审核,在大修期间免征房产税。

第十三,个人以标准价向单位购买公有住房,以及通过集资、合作建房等形式取得住房,用于自住的,免征该住房个人出资部分的房产税。

此外,纳税人缴纳房产税确有困难的,可由所在省、自治区、直辖市人民政府确定,对其定期减征或者免征房产税。

房产税按年征收、分期缴纳,具体纳税期限由省、自治区、直辖市人民政府确定。房产税由房产所在地的税务机关征收管理。

纳税人应依照当地税务机关的规定,将现有房屋的坐落地点、数量、房屋的原值或租金收入等情况,据实向税务机关办理纳税申报登记,并根据规定纳税。纳税人住址变更、产权转移、房屋原值或租金收入有变化时,要及时向税务机关申报。

三、契税

(一) 契税征税范围和纳税人

1. 契税征税范围

契税以在我国境内发生权属转移的土地和房屋为征税对象。土地权属转移是指土地使用权的转移。土地使用权是指土地使用者依法取得土地上的实际经营权和利用权,在相应的法律规定范围内,对享有的土地占有、使用和部分收益、处分的权利,即具有使用土地主体资格的单位或个人,按照法定程序办理土地使用权的申请、发证等手续,经法律确认具有使用土地的权利。土地使用权的转移包括土地使用权出让和土地使用权转让两种方式。房屋权属转移是指房屋所有权的转移,包括买卖、赠与和交换三种方式。房屋所有权是指房屋所有人对自己的房屋享有的占有、使用、收益和处分的权利,即对房屋的占有权、使用权、收益权、处分权。

契税的具体征税范围如下。

(1) 国有土地使用权出让

国有土地使用权出让是指土地使用者向国家交付土地使用权出让费用，国家将国有土地使用权在一定年限内让与土地使用者的行为。具体来讲，就是国家按照土地所有权和土地使用权两权分离的原则，以土地所有者的身份，依法授权省、市、县人民政府，在规定权限内，将国有土地中符合土地利用总体规划、城市规划和年度建设用地计划的土地使用权，在一定年限内让与土地使用者，由土地使用者向国家一次性支付土地使用权出让金的行为。

(2) 土地使用权转让

土地使用权转让，是指土地使用者以出售、赠与、交换或者其他方式将土地使用权转移给其他单位和个人的行为，包括国有土地使用权转让和集体土地使用权转让。土地使用权出售，是指土地使用者以土地使用权作为交易条件，取得货币、实物、无形资产或者其他经济利益的行为。土地使用权赠与，是指土地使用者将土地使用权无偿转让给受赠者的行为。土地使用权交换，是指土地使用者之间相互交换土地使用权的行为。土地使用权转让应当签订书面转让合同。土地使用权在规定的使用年限内可以多次转让，但无论转移到哪里，国家与土地使用者的权利义务关系仍是土地出让合同规定的权利义务。土地使用权转让时，其地上建筑物、附属物的所有权应随之转移，并依照规定办理权属变更登记手续。集体土地使用权按国家有关规定转让。

土地使用权转让不包括农村集体土地承包经营权的转移。我国现行法律规定，集体所有的或者国家所有的由农业集体经济组织使用的土地、山岭、草原、荒地、滩涂、水面，可以由个人或者集体承包经营，从事农、林、牧、渔业生产。土地承包经营是在土地使用权属未发生转移的情况下，对土地实行经营、管理的方式。土地使用权是一种对物权，土地承包经营权是一种授权。

(3) 房屋买卖

房屋买卖，是指房屋所有者将其房屋出售，由承受者交付货币、实物、无形资产或者其他经济利益的行为。

(4) 房屋赠与

房屋赠与，是指房屋所有者将其房屋无偿转让给受赠者的行为。其中，将自己的房屋转交给他人的法人和自然人，称作房屋赠与人；接受他人房屋的法人和自然人，称为受赠人。房屋赠与的前提必须是，产权无纠纷，赠与人和受赠人双方自愿。由于房屋是不动产，加之价值较大，故法律要求赠与房屋应有书面合同（契约），并到房地产管理机关或农村基层政权机关办理登记过户手续，才能生效。如果房屋赠与行为涉及涉外关系，还需公证处证明和外事部门认证，才能生效。房屋的受赠人要按规定缴纳契税。

(5) 房屋交换

房屋交换是指房屋住户、用户、所有人，在双方之间或多方自愿的基础上，相互交换房屋的使用权和所有权。其行为的主体有公民、房地产管理部门以及企事业单位、机关团体。交换的标的性质有公房（包括直管房和自管房）、私房，标的种类有住宅、店面及办公用房等。交换行为的内容包括房屋使用权交换和房屋所有权交换。交换房屋使用权的，由于没有发生房屋所有权的转移，不属于契税征税范围。交换房屋所有权的，按房地产管理的相关规定，交换双方须到有关部门办理权属变更登记手续，属于契税征收范围。交换房屋所有权，双方交换价值相等的，免纳契税，办理免征契税手续；其价值不相等的，按超出部分缴纳契税。

土地、房屋权属以下列方式转移的，视同土地使用权转让、房屋买卖或者房屋赠与征收契税。①以土地、房屋权属作价投资、入股。以土地、房屋作投资或作股权转让亦属土地、房屋权属转移，应根据国家房地产管理的有关规定，办理房地产产权交易和产权变更登记手续，由产权承受方缴纳契税。以自有房产作股投入本人经营企业的，由于产权所有人和使用权人未发生变化，不需办理房产变更登记手续，也无须缴纳契税。②以土地、房屋权属抵债。在经当地政府和有关部门批准，债务人以自有的房屋所有权、土地使用权向债权人抵偿债务时，由于发生了房屋所有权、土地使用权的转移，因而视同房屋买卖和土地使用权转让征收契税。③以获奖方式承受土地、房屋权属。以获奖方式承受房屋权属，其实质是接受赠与房屋，应当视同房屋赠与，应由获奖人按规定缴纳契税。④以预购方式或者预付集资建房款方式承受土地、房屋权属。以预购方式或者预付集资建房款方式承受土地、房屋权属的，应当视同土地使用权转让或者房屋买卖，由土地使用权或者房屋所有权的产权承受人按规定缴纳契税。

土地、房屋权属（指土地使用权、房屋所有权）是否发生变更转移，是确定土地、房屋交易行为是否纳入契税征税范围的标准。凡纳入契税征税范围的土地、房屋交易行为必须同时具备三个条件：一是转移的客体为土地使用权和房屋所有权。二是土地、房屋权属必须转移。首先，土地、房屋发生转移，由一方转给另一方；其次，产权人关系发生变更，由一个产权人变为另一个产权人。三是行为双方有"经济利益"关系。依据上述三个条件，如转让土地、出租房屋，土地、房屋的抵押和土地、房屋的继承不在征税范围之内，不征收契税。非继承人承受遗赠房屋，属于赠与性质，应按赠与行为征收契税。抵押期满，发生权属变更的抵押房屋，也属于契税的征税范围。

2. 契税纳税人

在中华人民共和国境内转移土地、房屋权属，承受的单位和个人为契税的纳税人，具体包括企业单位、事业单位、国家机关、军事单位、社会团体和其他组织，以及个体经营者及其他个人（包括外籍人员）。

此外，土地使用权交换、房屋所有权交换、土地使用权与房屋所有权相互交换，其纳税人为补偿差额部分的一方；以划拨方式取得土地使用权，经批准转让房地产时，其房地产转让者应补缴契税。

（二）契税计税依据和税率

1. 契税计税依据

国有土地使用权出让、土地使用权出售、房屋买卖，这三类权属转让的计税依据为交易的成交价格。成交价格，是指土地、房屋权属转移合同确定的价格，包括承受者应交付的货币、实物、无形资产或者其他经济利益。这样规定的好处在于与城市房地产管理法和有关房地产法规规定的价格申报制度相一致，在现阶段有利于契税的征收管理。

土地使用权赠与、房屋赠与的计税依据由征收机关参照土地使用权出售、房屋买卖的市场价格核定。这是因为土地使用权赠与、房屋赠与属于特殊的转移形式，无货币支付，在计征税额时只能参照市场上同类土地、房屋价格计算应纳税额。

土地使用权交换、房屋交换的计税依据为所交换的土地使用权、房屋的价格的差额。土地使用权交换、房屋交换，其交换价格不相等的，由多交付货币、实物、无形资产或者其他经济利益的一方缴纳税款；交换价格相等的，免征契税。

以划拨方式取得土地使用权的，经批准转让房地产时，应由房地产转让者补缴契税，其计税依据为补缴的土地使用权出让费用或者土地收益。

此外，对于成交价格明显低于市场价格且无正当理由的，或者所交换的土地使用权、房屋的价格差额明显不合理且无正当理由的，由征税机关参照市场价格核定税额，其目的是防止纳税人隐瞒、虚报成交价格。

2. 契税税率

契税实行幅度比例税率，税率为3%~5%。各地具体的适用税率，由省、自治区、直辖市人民政府在规定的幅度内按照本地区的实际情况确定。这主要是考虑到全国各地经济和房地产市场发展的不平衡状况，使各地执行时有较大的灵活性，可以更好地照顾到各方面的情况，增强地方政府对房地产市场的调控能力，充分发挥和调动地方管理税收的积极性。

（三）契税减税免税

有下列情形之一的，减征或者免征契税。

第一，国家机关、事业单位、社会团体、军事单位承受土地、房屋用于办公、教学、医疗、科研和军事设施的，免征契税。企业事业组织、社会团体、其他社会组织和公民个人经过有关主管部门批准，利用非国家财政性教育经费面向社会举办教育机构，承受土地、房屋用于教学的，也可以免税。这里所称用于教学的，是指教室（教学楼）以及其他直接用于教学的土地、房屋；所称用于医疗的，是指门诊部以及其他直接用于医疗的土地、房屋；所称用于科研的，是指科学试验的场所以及其他直接用于科研的土地、房屋；所称用于军事设施的，是指地上和地下的军事指挥作战工程，军用的机场、港口、码头，军用的库房、营区、训练场、试验场；军用的通信、导航、观测台站，以及其他直接用于军事设施的土地、房屋。其他直接用于办公、教学、医疗、科研的土地、房屋的具体范围，由各地省、自治区、直辖市人民政府确定。

第二，城镇职工按规定第一次购买公有住房（含按政策经批准的集资房、房改房）的，免征契税。这里所称的城镇职工第一次购买的公有住房，是指经县以上人民政府批准，在国家规定标准面积以内购买的公有住房。购买的公有住房超过国家规定标准面积的部分，仍应按照规定缴纳契税。

第三，因不可抗力灭失住房而重新购买住房的，酌情准予减征或者免征。这里所称的不可抗力，是指自然灾害、战争等不能预见、不能避免并不能克服的客观情况。

第四，土地、房屋被县级以上人民政府征用、占用后，重新承受土地、房屋权属的，是否减征或者免征契税，由省、自治区、直辖市人民政府确定。

第五，纳税人承受荒山、荒沟、荒丘、荒滩土地使用权，用于农、林、牧、渔业生产的，免征契税。

第六，依照我国有关法律规定以及我国缔结或参加的双边和多边条约或协定的规定应当予以免税的外国驻华使馆、领事馆、联合国驻华机构及其外交代表、领事官员和其他外交人员承受土地、房屋权属的，经外交部确认，可以免征契税。

第七，财政部规定的其他减征、免征契税的项目。

凡经批准减征、免征契税的纳税人，改变有关土地、房屋的用途，不再属于减免税范围的，应当补缴已经减征、免征的契税税款，其纳税义务发生时间为改变有关土地、房屋用途的当天。

契税的征收机关为土地、房屋所在地的财政机关或者地方税务机关，具体征收机关由省、自治区、直辖市人民政府确定。纳税人应当自纳税义务发生之日起 10 日内，向土地、房屋所在地的契税征收机关办理纳税申报，并在契税征收机关核定的期限内缴纳税款。纳税人办理纳税事宜后，契税征收机关应当向纳税人开具契税完税凭证。纳税人应当持契税完税凭证和其他规定的文件材料，依法向土地管理部门、房产管理部门办理有关土地、房屋的权属变更登记手续。纳税人未出具契税完税凭证的，土地管理部门、房产管理部门不予办理有关土地、房屋的权属变更登记手续。

企业改制、事业单位改制、公司合并、公司分立、资产划转、某些情况的企业破产、债权转股权、公司股权（股份）转让均免征契税，划拨用地出让或作价出资对承受方征税，企业破产时，债权人（包括破产企业职工）承受破产企业抵偿债务的土地、房屋权属，免征契税；对非债权人承受破产企业土地、房屋权属，凡按照《中华人民共和国劳动法》等国家有关法律、法规、政策妥善安置原企业全部职工，与原企业全部职工签订服务年限不少于三年的劳动用工合同的，对其承受所购企业土地、房屋权属，免征契税；与原企业超过 30% 的职工签订服务年限不少于三年的劳动用工合同的，减半征收契税。

第七章 资源课税、行为课税与国际税收

第一节 资源课税

一、资源税

(一) 资源税纳税义务人和扣缴义务人

1. 纳税义务人

凡在我国领域及管辖海域开采应税矿产品或生产盐的单位和个人,都是资源税的纳税义务人。境内是指实际税收管理行政范围内,不包括进口。其中,单位是指国有企业、集体企业、私有企业、股份制企业、其他企业和行政单位、事业单位、军事单位、社会团体及其他单位;个人,是指个体经营者及其他个人。其他单位和其他个人包括外商投资企业、外国企业和外籍个人。

2. 扣缴义务人

为了加强资源税的征收管理,收购应税而未税的矿产品的单位或中外合作开采油气田作业者为资源税的扣缴义务人。资源税的扣缴义务人为独立矿山、联合企业和其他收购未税矿产品的单位。独立矿山是指只有采矿或只有采矿和选矿,独立核算,自负盈亏的单位,其销售的原矿和精矿主要用于对外销售。联合企业是指采矿、选矿、冶炼(或加工)连续生产的企业,或采矿、冶炼(或加工)连续生产的企业,其采矿单位一般是该企业的二级或二级以下核算单位。在现行盐的产销体制下,盐的纳税环节确定在出厂(场)环节,由生产者纳税,有些地区由运销或公收单位统一销售的,则盐的运销或公收单位为扣缴人,由其代扣代缴盐的资源税。扣缴义务人有义务在收购未税矿产品原矿时按省级(自治区、直辖市)人民政府核定的代扣税额标准,依据收购数量代扣代缴资源税。

(二) 资源税征税范围

我国现行的资源税征税范围只包括具有商品属性的资源,并不包括一切国有资源,水

资源等由于价格及征管经验等因素，暂未列入征税范围。这样，属于资源税征税范围的主要是矿产品和盐两大类。其具体征税范围包括以下几种情况。

1. 原油

这是指开采的天然原油（含稠油、高凝油、稀油），不包括人造石油。凝析油视同原油征税，但不包括以油母页岩等为原料经加工炼制的原油。

2. 天然气

这是指专门开采和与原油同时开采的天然气，暂不包括煤矿生产的天然气。

3. 煤炭

这是指原煤和以未税原煤（自采原煤）加工的洗选煤，不包括以原煤加工的洗煤、选煤及其煤炭制品。

4. 其他非金属矿

这是指上述产品和井矿盐以外的非金属原矿，包括宝石、宝石级金刚石、玉石、膨润土、石墨、石英砂、萤石、重晶石、毒重石、蛭石、长石、氟石、滑石、白云石、硅灰石、凹凸棒石黏土、高岭土、耐火黏土、云母、大理石、花岗岩、石灰石、菱镁矿、天然碱、石膏、硅线石、工业用金刚石、石棉、硫铁矿、自然矿、磷铁矿等。

5. 黑色金属矿产品原矿

这是指纳税人开采后自用、销售的，用于直接入炉冶炼或作为主要产品先入选精矿、制造人工矿，最终入炉冶炼的金属矿石原矿，包括铁矿石、锰矿石、铬矿石等。

6. 有色金属矿产品原矿或精矿

这包括铜矿石、铅锌矿石、铝土矿、钨矿石、锡矿石、锑矿石、钼矿石、镍矿石、黄金矿（岩金矿、砂金矿）以及其他有色金属原矿或精矿。

7. 盐

这包括固体盐、液体盐，具体包括海盐原盐、湖盐原盐、井矿盐、卤水等。

未列举名称的其他非有色金属原矿和其他有色金属原矿，由省、自治区、直辖市人民政府决定征收或缓征收资源税，并报财政部和国家税务总局备案。

（三）税目、税率

根据资源税的征税范围是针对矿产品和盐，遵循"普遍征收、差级调节"的原则，即对所有的应税产品一律征收，同时根据资源贮存、开采等条件进行差别税额处理。具体设计税目时，设置了资源税的 7 大类税目，并相应地规定了税额。

《中华人民共和国资源税暂行条例》中公布的税目税率表只是原则上的规定，资源税税目的具体适用税额须按照更为详细的实施细则等文件执行。对于在实施细则等文件中没有列举的资源的税额确定，由省一级（自治区、直辖市）人民政府参照邻近矿山的税额标准在浮动的 30% 的幅度内核定。对上述表中未列举名单的其他非金属矿产品，由各省、自治区、直辖市人民政府根据本地的资源状况列举征收或缓征。

纳税人开采或生产不同税目的应税产品，应分别核算不同税目应税产品的课税数量；未分别核算或者不能准确提供不同税目应税产品的课税数量的，从高适用税率。

税法规定，纳税人执行的单位数额标准，根据价格、资源和开采条件等因素的变化情况，在条例所附《资源税税目税额幅度表》所规定的幅度范围内，每隔一定时期调整一次。这是因为资源税实行的是差别税额，而矿山的资源级差状况是在不断变化的，一般变化的规律是 3~5 年变化到一个新的梯次。因此，合理、科学地调整税额应与资源级差情况的变化相适应。

（四）课税数量

资源税采用从量定额征收，则以课税数量作为计税依据。资源税应税产品课税数量规定如下：第一，纳税人开采或生产应税产品销售的，以销售数量为课税数量。第二，纳税人开采或生产应税产品自用的（包括用于非生产项目和生产非应税产品），以视同销售的自用数量为课税数量。第三，负有代扣代缴资源税税款义务的义务人，以收购的应税未税矿产品的数量为计算代扣代缴税款的课税数量。收购未税矿产品的单位，以收购的数量为课税数量，分别依法按照本单位应税产品税额标准，或按主管税务机关核定的应税产品税额标准，据以代扣代缴税款。第四，纳税人不能准确提供应税产品销售数量或移送使用数量的，以应税产品的产量或主管税务机关确定的折算比换算成的数量为课税数量。

二、耕地占用税

（一）耕地占用税征税范围和纳税人

1. 耕地占用税征税范围

耕地占用税的征税范围是占用耕地建房或者从事其他非农业建设的耕地，包括国家所有和集体所有的耕地。

占用林地、牧草地、农田水利用地、养殖水面以及渔业水域滩涂等其他农用地建房或者从事非农业建设的，征收耕地占用税。建设直接为农业生产服务的生产设施占用规定的农用地的，不征收耕地占用税。

所谓耕地，一般是指种植农作物的土地（包括菜地、园地）。其中，园地包括苗圃、花圃、茶园、果园、桑园和其他种植经济林木的土地。

占用鱼塘及其他农用土地建房或从事其他非农用建设，视同占用耕地，必须依法征收耕地占用税。其中，对占用"其他农用土地"，如占用已开发从事种植、养殖的滩涂、草场、水面和林地等从事非农业建设，是否征税，由省、自治区、直辖市本着有利于保护农用土地资源和保护生态平衡的原则，结合具体情况加以确定。

2. 耕地占用税纳税人

占用耕地建房或者从事非农业建设的单位或者个人，为耕地占用税的纳税人，应当依照本条例规定缴纳耕地占用税。这里所称的单位，包括国有企业、集体企业、私营企业、股份制企业、外商投资企业、外国企业以及其他企业和事业单位、社会团体、国家机关、部队以及其他单位；所称的个人，包括个体工商户以及其他个人。

（二）耕地占用税计税依据和税率

耕地占用税以纳税人实际占用耕地面积为计税依据，按照规定税率一次性计算征收。按照条例规定，耕地面积的计量单位为平方米。耕地占用税实行地区差别定额税率，以县为单位，以人均面积为标准，并参照经济发展情况，分别规定有幅度的单位税额。按照规定税额一次性征收。

国务院财政、税务主管部门根据人均耕地面积和经济发展情况确定各省、自治区、直辖市的平均税额。各地适用税额由省、自治区、直辖市人民政府在规定的税额幅度内，根据本地区情况核定。各省、自治区、直辖市人民政府核定的适用税额的平均水平，不得低于国务院财政、税务主管部门根据人均耕地面积和经济发展情况确定的各省、自治区、直辖市的平均税额。

经济特区、经济技术开发区和经济发达且人均耕地特别少的地区，适用税额可以适当提高，但是提高的部分最高不得超过条例规定的当地适用税额的50%。

占用基本农田的，适用税额应当在本条例规定的当地适用税额的基础上提高50%。

应纳税额的计算以纳税人实际占用的耕地面积为计税依据，按照规定的税额标准计算征收。其计算公式如下：

$$应纳税额 = 纳税人实际占用的耕地面积 \times 适用税额标准$$

第二节 行为课税

一、印花税

（一）印花税征税范围和纳税人

1. 印花税征税范围

我国经济活动中发生的经济凭证种类繁多，数量巨大，对所有凭证全面征税既无必要，也不可能。因此，印花税只将界限比较清楚、税源易于控制，又容易征收管理的凭证列入征税范围，其他凭证暂不列入。印花税的征税范围采用正列举法，按列举税目征税。一般来说，列入印花税税目的就要征税，未列入税目的就不征税。其主要包括：购销合同，加工承揽合同，建设工程勘察设计合同，建筑安装工程承包合同，财产租赁合同，货物运输合同，仓储保管合同，借款合同，财产保险合同，技术合同，产权转移书据，营业账簿，权利、许可证照。现行印花税条例列举的应税凭证分为五类，即经济合同，产权转移书据，营业账簿，权利、许可证照，股份转让书据和经财政部门确认的其他凭证。

（1）经济合同

合同是指当事人之间为实现一定目的，经协商一致，明确当事人各方权利义务关系的协议。以经济业务活动作为内容的合同，通常称为经济合同。依法订立的经济合同的书面形式即经济合同书。我国印花税只对依法订立的经济合同书征税。经济合同书包括以下各类经济合同及具有合同性质的凭证（包括具有合同效力的协议、契约、合约、单据、确认书及其他各类名称的凭证）：①购销合同，包括供应、预购、采购、购销结合及协作、调剂、补偿贸易等合同。②加工承揽合同，包括加工、定做、修理、修缮、印刷、广告、测绘、测试等合同。③建设工程勘察设计合同，包括勘察、设计合同。④建设安装工程承包合同，包括建筑、安装工程承包合同。⑤财产租赁合同，既包括出租房屋、船舶、飞机、机动车辆、机械、器具、设备等签订的合同，还包括企业、个人出租门店、柜台等签订的合同。⑥货物运输合同，包括民用航空运输、铁路运输、海上运输、公路运输和联运合同。⑦仓储保管合同，包括仓储、保管合同。⑧借款合同，包括银行及其他金融组织与借款人所签订的合同。⑨财产保险合同，包括财产、责任、保证、信用保险合同。⑩技术合同，包括技术开发、转让、咨询、服务等合同。

在确定应税经济合同的范围时，特别需要注意以下三个问题。

第一，具有合同性质的凭证应视为合同征税。所谓具有合同性质的凭证，是指具有合同效力的协议、契约、合约、单据、确认书及其他各种名称的凭证。它们虽然未采用规范的合同格式，也不一定具有合同法规要求的完备的条款和规范的行为约定，但是对当事人各方仍具有特定的民事法律约束力。因此，对于具有与上述10类合同大致相同的内容、形式和作用的凭证亦应纳印花税。例如，工业、商业、物业、外贸等部门经销和调拨商品、物资供应的调拨单，如果代替合同使用，以作为供货和结算依据，则是具有合同性质的凭证，应计税贴花。

第二，未按期兑现合同应贴印花税。纳税人签订应税合同，就发生了应税经济行为，即不论合同是否兑现或能否按期兑现，都应缴纳印花税。

第三，办理一项业务，如果既书立合同，又开具单据，只就合同贴花。凡不书立合同，只开具单据的，则对单据按规定贴花。

(2) 产权转移书据

产权转移即财产产权关系的变更行为，表现为产权主体发生变化。产权转移文件是因产权买卖、继承、赠与、交换、分割等所立的书据，既包括财产所有权和版权、商标专用权、专利权、专有技术使用权、商品房销售合同等转移书据，也包括股份制企业向社会公开发行的股票，还包括因购买、继承、赠与所书立的产权转移书据。

(3) 营业账簿

营业账簿是指单位和个人从事生产经营活动所设立的账册。账簿按其反映内容的不同，可分为记载资金的账簿和其他账簿。记载资金的账簿是指反映生产经营单位资本金增减变化的账簿。其他账簿是上述账簿以外的有关其他经营活动内容的账簿，包括日记账簿和各类明细分类账簿。

(4) 权利、许可证照

权利、许可证照包括政府部门发给的房屋产权证、工商营业执照、商标注册证、专利证、土地使用证。

2. 印花税纳税人

印花税的纳税义务人是在中国境内书立、使用、领受印花税法所列举的凭证并应依法履行纳税义务的单位和个人。这里所称的单位，是指在我国境内书立应税凭证的国内的各类企业、事业、机关、团体、部队以及中外合资企业、合作企业、外资企业、外国企业和其他经济组织及其在华机构等单位；所称的个人，是指在我国境内书立应税凭证的我国公民和外国公民。这些单位和个人按照书立、使用、领受应税凭证的不同可以分别确定为合同人、立据人、立账簿人、领受人和使用人五种。

(1) 立合同人

立合同人是指合同的当事人。所谓当事人，是指对凭证有直接权利义务关系的单位和个人，但不包括合同的担保人、证人、鉴定人。各类合同的纳税人是立合同人。合同包括购销、加工承揽、建设工程承包、财产租赁、货物运输、仓储保管、借款、财产保险、技术合同或具有合同性质的凭证。

(2) 立据人

产权转移书据的纳税人是立据人。

(3) 立账簿人

营业账簿的纳税人是立账簿人。所谓立账簿人，是指设立并使用营业账簿的单位和个人。例如，企业单位因生产、经营需要设立营业账簿，该企业既为纳税人又是立账簿人。

(4) 领受人

权利、许可证照的纳税人是领受人。领受人是指领取或接受并持有该项凭证的单位和个人。

(5) 使用人

在国外书立、领受，但在国内使用的应税凭证，其纳税人是使用人。

对应税凭证，凡由两方或两方以上当事人共同书立的，其当事人各方都是印花税的纳税人，应各就其所持凭证的计税金额履行纳税义务。

之所以这样规定印花税的纳税义务人，是考虑到权利与义务相一致的原则。既然某一单位或个人书立、领受了应税凭证，就具有该凭证所可以享受的权利，也就应该履行该凭证所应负的纳税义务。权利与义务相一致，既易于纳税人接受，也便于征收管理。

(二) 印花税计税依据和税率

1 印花税计税依据

由于印花税分别采用从量计征和从价计征两种办法，因此，印花税计税依据的确定有两种方法。采用从量计征的，其计税依据为应税凭证的数量。适用此种方法确定计税依据的应税凭证有权利、许可证照和营业账簿中的其他账簿。采用从价计征的，其计税依据为应税凭证上记载的金额。适用此种方法确定计税依据的应税凭证有各类经济技术合同、产权转移书据、股份转让书据和营业账簿中的资金账簿。

(1) 购销合同的计税依据为合同记载的购销金额。

(2) 加工承揽合同的计税依据是加工承揽收入的金额。其具体规定：对于由受托方提供材料的加工、定做合同,凡在合同中分别记载加工和原材料金额的,应分别按加工承揽合同和购销合同计税,凡未分别记载的,全部按加工合同计税;对于由委托方提供原材料的加工、定做合同,受托方按加工费和辅助材料费合计金额依据加工承揽合同计税。

(3) 建设工程勘探设计合同的计税依据是收取的费用。

(4) 建筑安装工程承包合同的计税依据为承包金额。

(5) 财产租赁合同的计税依据为收取的费用。

(6) 货物运输合同的计税依据为取得的运输费金额(即运费收入),不包括装卸费和保险费。

(7) 仓储保管合同的计税依据为收取的仓储保管费用。

(8) 借款合同的计税依据为借款金额。

(9) 技术合同的计税依据为合同所载的价款、报酬或使用费。为了鼓励技术的研究开发,对技术开发合同,只就合同所载的报酬金额计税。

(10) 产权转移书据的计税依据为所载金额。

(11) 营业账簿税目中记载资金的账簿的计税依据为"实收资本"与"资本公积"两项的合计金额。实收资本,包括现金、实物、无形资产和材料物资。其中,现金按实际收到或存入纳税人开户银行的金额确定;实物是指房屋、机器设备等,按评估确认的价值或者合同、协议约定的价格确定;无形资产和材料物资,按评估确认的价值确定。资本公积,包括接受捐赠、法定财产重估增值、资本折算差额、资本溢价等。如果是实物捐赠,则按同类资产的市场价格或有关凭据确定。其他账簿的计税依据为应税凭证件数。

(12) 权利、许可证照的计税依据为应税凭证件数。

印花税最低税额是1角。按规定计算出的应纳税额不足1角的凭证,免贴印花税;应纳税额在1角以上的,按照四舍五入的规则,其尾数不满5分的不计,满5分的按1角计算贴花。财产租赁合同,应纳税额不足1元的,按1元贴花;应纳税额不足1角的,免贴印花税。

印花税还有一些特殊的计税依据规定:①同一凭证载有两个或两个以上经济事项而适用不同税目税率,如分别记载金额,则应分别计算应纳税额,相加后按合同计税额贴花;如未分别记载金额,则按税率高的计税贴花。②按金额比例贴花的应税凭证,未列明金额的,应按照凭证所载数量及国家牌价计算金额;没有国家牌价的,按市场价格计算金额,然后按规定税率计算应纳税额。③应税凭证所载金额为外币的,应按照凭证书立当日国家外汇牌价折合成人民币,然后计算应纳税额。④有些合同在签订时无法确定计税金额,可在签订时先按5元定额贴花,以后结算时再按实际金额计税。⑤不论合同是否兑现,均应贴花。对已履行并贴花的合同，所载金额与合同履行后实际结算金额不一致的，只要双方未修改合同金额，一般不再办理完税手续。⑥采取以货易货方式签订的合同，应按合同所载购销合计金额计税贴花。合同未列明金额的，应按合同所载购销数量依照国家牌价或市场价格计算应纳税额。⑦施工单位将承包的建设项目分包给其他施工单位所签订的分包或转包合同，应按新的分包或转包合同所载金额计算应纳税额。⑧对国内各种形式的货物联运，凡起运地统一结算全程运费的，应以全程运费作为计税依据缴纳印花税。对国际货运，凡由我国运输企业运输的，不论是在我国境内、境外起运还是中转分程运输，我国运输企业所持的一份运费结算凭证，均按全程运费计算应纳税额；托运方所持的一份运输结算凭证，按全程运费计算应纳税额。由外国运输企业运输进出口货物的，外国运输企业所持的一份运费结算凭证免纳印花税；托运方所持的一份运费结算凭证亦免纳印花税。国际货运运费结算凭证在国外办理的，应在凭证转回我国境内时按规定缴纳印花税。

(13) 财产保险合同的计税依据为支付（收取）的保险费，不包括所保财产的金额。

2. 印花税税率

印花税设有13个税目（法定税目），分别是购销合同、加工承揽合同、建设工程勘察设计合同、建筑安装工程承包合同、财产租赁合同、货物运输合同、仓储保管合同、借款合同、财产保险合同、技术合同、产权转移合同、营业账簿、权利许可证照。但由于对证券交易行为目前尚未开征专门税种，因此，将在证券交易过程中发生的股权、债券书据转移目前暂列入印花税中开征印花税，归属于产权转移书据。印花税采用比例税率和定额税率两种形式。

在印花税的13个税目中，各类合同以及具有合同性质的凭证（含以电子形式签订的各类应税凭证）、产权转移书据、营业账簿中记载资金的账簿适用比例税率。印花税的比例税率分为四个档次，分别是0.005%、0.03%、0.05%、0.1%：①适用0.005%税率的为"借款合同"；②适用0.03%税率的为购销合同、建筑安装工程承包合同、技术合同；③适用0.05%税率的为加工承揽合同、建筑工程勘察设计合同、货物运输合同、产权转移书据、营业账簿税目中记载资金的账簿；④适用0.1%税率的为财产租赁合同、仓储保管合同、财产保险合同。

同一凭证因记载有两个或两个以上经济事项而适用不同税目税率，如分别记载金额，则分别计算应纳税额，相加后按合计税额贴花；如未分别记载金额，则按税率高的计税贴花。

二、城市维护建设税

（一）城市维护建设税征税范围和纳税人

城市维护建设税的征税范围较广，具体包括城市、县城、建制镇，以及税法规定征收"两税"的其他地区。城市、县城、建制镇的范围应以行政区作为划分标准，不能随意扩大或缩小各自行政区域的管辖范围。

城建税的纳税人是指负有缴纳"两税"义务的单位和个人，包括国有企业、集体企业、私营企业、股份制企业、其他企业和行政单位、事业单位、军事单位、社会团体、其他单位以及个体工商户及其他个人。个体商贩及个人在市集上出售商品，对其征收临时性经营的增值税，是否同时按其实缴税额征收城市维护建设税，由各省、自治区、直辖市人民政府根据具体情况确定。

海关对进口商品征收增值税、消费税时，不征收城市维护建设税。

城市维护建设税的代扣代缴、代收代缴，一律比照增值税、消费税、营业税的有关规定办理。增值税、消费税、营业税的代扣代缴、代收代缴义务人同时也是城市维护建设税的代扣代缴、代收代缴人。

（二）城市维护建设税计税依据和税率

1. 城市维护建设税计税依据

城市维护建设税的计税依据是指纳税人实际缴纳的消费税、增值税。这就是说，商品从生产到消费流转过程中，在哪个环节缴纳"两税"，就要在哪个环节缴纳城市维护建设税。

对纳税人因违反增值税、消费税有关税法而加收的滞纳金或罚款，不作为城市维护建设税的计税依据，不征收城市维护建设税；但对纳税人因偷漏税而被查补或处罚的增值税、消费税、营业税，应作为城市维护建设税计税依据征收城市维护建设税。

2. 城市维护建设税税率

城建税的征收范围包括城市、县城、建制镇、工矿区。按纳税人所在地不同，设置了三档差别比例税率。

对城市维护建设税的适用税率，一般规定按纳税人所在地的适用税率执行，但对以下两种情况，可按纳税人缴纳"两税"所在地的规定税率就地缴纳城市维护建设税：一是由受托方代收代扣"两税"的单位和个人；二是流动经营等无固定纳税地点的单位和个人。

(三) 城市维护建设税征收管理

1. 纳税环节

城市维护建设税的纳税环节,实际就是纳税人缴纳"两税"的环节。纳税人只要发生"两税"的纳税义务,就要在同样的环节,分别计算缴纳城市维护建设税。

2. 纳税地点

纳税人缴纳"两税"的地点,就是该纳税人缴纳城市维护建设税的地点。但是,属于下列情况的,城市维护建设税纳税地点为:①代扣代缴、代收代缴"两税"的单位和个人,同时也是城市维护建设税的代扣代缴、代收代缴义务人,其城市维护建设税的纳税地点在代扣代收地。②跨省开采的油田,下属生产单位与核算单位不在一个省内的,其生产的原油,在油井所在地缴纳增值税,其应纳税款由核算单位按照各油井的产量和规定税率,计算汇拨各油井缴纳。所以,各油井应纳的城市维护建设税,应由核算单位计算,随同增值税一并汇拨油井所在地,由油井在缴纳增值税的同时一并缴纳城市维护建设税。③对管道局输油部分的收入,由取得收入的各管道局于所在地缴纳营业税。所以,其应纳城市维护建设税,也应由取得收入的各管道局于所在地缴纳营业税时一并缴纳。④对流动经营等无固定纳税地点的单位和个人,其城市维护建设税应随同"两税"在经营地按适用税率缴纳。

3. 纳税期限

由于城市维护建设税是由纳税人在缴纳"两税"时同时缴纳的,所以其纳税期限分别与"三税"的纳税期限一致。根据增值税法和消费税法规定,增值税、消费税的纳税期限均分别为1日、3日、5日、10日、15日或者1个月。增值税、消费税的纳税人的具体纳税期限,由主管税务机关根据纳税人应纳税额大小分别核定;不能按照固定期限纳税的,可以按次纳税。

第三节 国际税收

一、国际税收的含义

(一) 国际税收的概念

税收是国家凭借政治权力进行的一种强制无偿的课征，它是一国政府凭借手中权力，同它管辖下的纳税人之间所发生的征纳关系。国际税收作为税收的一个特殊领域，有着不同于一般税收的特征。首先，国际税收并不存在超国家的征税主体。税收一般都有征税一方和纳税一方，征税一方是以国家作为征税主体，但国际税收并没有征税主体。尽管国际社会确实存在一些国际性组织，但它们只是国家间的契约性组织，不具有国家政权所拥有的强制力。如联合国，它是世界上成员国最多的国际组织，其宗旨规定不得干涉本质上属于任何国家国内管辖的事件，如果以其作为征税主体征税，将违背其宗旨。其次，国际税收也没有属于自己管辖的纳税人和征税对象，只是涉及各国税收的部分纳税人和征税对象。当一国纳税人的经营活动跨越国境，在境外取得所得或财产时，就会面临两个国家的征税问题，这个纳税人就成为国际税收涉及的纳税人，这个纳税人在国外取得的所得或财产，就成为国际税收涉及的征税对象。最后，国际税收的实质是国家与国家之间的税收协调关系。当一个纳税人面临两个国家的征税问题时，一国征税导致另一国不能征税，或者一国多征税而导致另一国少征税，就发生了国家与国家之间的税收分配关系。这种税收分配关系只能靠国与国之间的税收协调来解决。

综上所述，可以认为，所谓国际税收，是指从事国际经济活动的企业或个人，由于取得跨国所得和财产而引起的国与国之间的税收协调关系。

(二) 国际税收与国家税收、涉外税收的关系

国际税收与国家税收既有联系又有显著区别。从二者的联系来看，一方面，国家税收是国际税收的基础。没有国家税收，就不会出现跨国所得或财产被两个以上国家征税的问题，没有各国税法的矛盾和冲突，就不需要在有关国家之间协调税收分配关系。另一方面，国家税收又要受国际税收一些因素的影响和制约。在各国经济联系日益紧密、相互依存越来越高的情况下，任何一个国家在制定本国税收政策时，都不可能不考虑国际税收关

系，都要遵循国际上公认的一些国际规范和惯例。

国际税收与国家税收又是两门不同的学科，存在着显著的区别。一是征税依据的差别。国家税收是依据政治权力进行的强制征收，而国际税收是在国家税收基础上产生的国与国之间的税收协调关系，不是凭借政治权力进行的分配。二是形成税收分配关系的差别。国家税收在征收过程中形成国家和纳税人之间的税收分配关系，而国际税收涉及的是由于各国的税收差异形成的国与国之间的税收协调关系。三是确定征税对象的差别。国家税收可以根据本国政治经济的需要确定不同的征税对象，设置多个税种，而国际税收不是一种具体的课征形式，没有自己独立的税种，只是涉及各国税收的一些征税对象，如所得、财产等。

有一种观点认为，国际税收就是涉外税收，是各国涉外税收的总和。这种观点忽视了国际税收与国家税收的严格区别。一个国家的税收，不管是涉及本国纳税人还是外国纳税人，都是一国政府对发生在自己国家主权范围内的征税事项进行管理的规范，涉外税收是一国政府同它管辖下的外国纳税人之间的征纳关系，还是属于国家税收的范畴，是一国税收制度的有机组成部分，而不是国际税收。

二、税收管辖权

（一）税收管辖权及其确定原则

1. 税收管辖权的概念

税收管辖权是一国政府在自主管理税收方面的主权，它是国家主权的重要组成部分，是国际税收的基本范畴。它表现在一国政府有权决定对哪些人征税、征哪些税以及征多少税等方面。它具有独立性和排他性。税收管辖权还是对国际所得征税的依据，同时也是国家行使主权的一种表现。国际税收理论中所指的税收管辖权，是指各国政府在处理对跨国所得征税方面所拥有的权限。

2. 税收管辖权的确定原则

税收管辖权是国家主权的重要组成部分，一国政府在本国区域内的领土和空间行使政治权力一般要遵从属地原则和属人原则（所谓属地原则，即一国政府可以在本国区域内的领土和空间行使政治权力；所谓属人原则，即一国可以对本国的全部公民和居民行使政治权力），因此，一国的税收管辖权在征税范围问题上也必须遵从属地原则或属人原则。具体到所得税的征收，根据属地原则，一国有权对来源于本国境内的一切所得征税，而不论

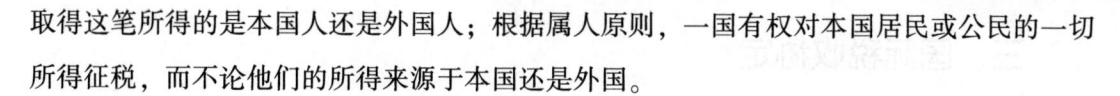

取得这笔所得的是本国人还是外国人;根据属人原则,一国有权对本国居民或公民的一切所得征税,而不论他们的所得来源于本国还是外国。

(二) 税收管辖权的种类

根据上述国家主权行使范围的两大原则,我们可以把税收的管辖权分为以下两种类型。

1. 地域管辖权（收入来源地管辖权）

地域税收管辖权,也称为收入来源地管辖权或属地管辖权,它是按照属地原则确立的税收管辖权。它强调按收入或所得的来源地点,对来源于本国境内的收入或所得以及存在于本国境内的财产行使征税权。收入或所得来源于哪个国家,财产存在于哪个国家,则根据该国地域管辖权范围的要求,由该国进行征税,而不考虑跨国纳税人的居住地和国籍。对于跨国纳税人来源于本国境外的所得,则不论其居住国和国籍国是否征税,都不属于本国的地域管辖权实施范围,即对其来源于本国境外的所得,可以不征税。

2. 居民（公民）管辖权

居民（公民）管辖权,是按照属人原则确立的税收管辖权。它是指一国政府对本国居民（公民）来自世界范围的全部所得行使的征税权力。居民管辖权的行使,其关键是确定纳税人（包括自然人和法人）的居民（公民）身份。自然人居民身份的判定,各国主要以住所或居所为标准,其中居所标准又主要根据居住时间来鉴别。法人居民身份的判定,各国主要采用注册地标准、总机构标准和实际管理机构所在地标准。公民身份的判定,主要根据其是否拥有本国国籍,即拥有本国国籍的人为本国公民。只要纳税人符合一国的居民（公民）身份判定标准,即被确认为具有本国居民（公民）身份,本国政府就有权对它的居民（公民）来自国内和国外的全部所得征税,即使其居民（公民）在本国无所得而仅在外国有所得,也要向本国履行纳税义务。居民（公民）管辖权并不注重外国居民来源于本国境内的所得。

在这里,居民管辖权和公民管辖权的区别在于,居民管辖权是指一国要对本国税法中规定的居民,包括自然人和法人的所得行使征税权;公民管辖权是指一国对拥有本国国籍的公民的所得行使征税权。

三、国际税收协定

（一）国际税收协定的含义

国际税收协定是指两个或两个以上的主权国家，为了协调相互之间的税收分配关系，消除或减轻国际重复征税，在平等互利的原则下，经由政府间谈判所签订的一种具有法律效力的书面协议。国际税收协定是国际税收的一项重要内容。

近几十年来，由于国际经济交往的不断发展，国家之间的经济往来日益频繁，国际重复征税问题越来越突出，涉及的国际税收问题日益复杂。一些国家单方面解决重复征税问题已远远不能适应经济形势的需要，通过缔结税收协定来解决双重征税问题已成为国家经济发展的迫切要求。

（二）国际税收协定的主要内容

1. 协定适用的范围

协定适用的范围包括人的范围和税种的范围两个方面。这是国际税收协定必须明确的前提。

人的范围，即适用的纳税人。鉴于世界上绝大多数国家按照属人原则建立的税收管辖权都是采取户籍标准，因此，在经合组织和联合国的这两个范本中，都把适用的纳税人限制在缔约国一方或同时成为缔约国双方的居住者这个范围以内，它包括自然人和法人。对于少数仍采取国籍标准的国家，一般可以在协定的复议书中声明，保留行使税收公民管辖权，行使对其公民征税的权力。

税种的范围，即适用的对所得和财产征收的各种直接税。一般来说，各种税收协定通常把足以引起缔约国各方税收管辖权交叉的，属于所得税或一般财产税类的税种列为适用的范围。为了明确起见，协定对于税种的适用范围，要求缔约国各方将现行征收的有关所得税和一般财产税类的各税种分别具体列示。所得税类包括各国按综合所得税制或按分类分项所得税制设计的各种所得税以及名称各异、性质属于所得税的其他税种。一般财产税类包括各国对跨国法人征收的资本税，对跨国自然人征收的财产净值税、遗产税，以及属于一般财产税性质但名称不同的诸税种。由于签约国各方的税制处在不断发展变化之中，所以协定中税种适用范围也可以随之变化，但要求缔约国双方主管当局应将新增或替代的税种清单随时通知对方，以保证协定的税种范围具有准确性和连续性。

2. 减除国际重复征税的方法

减除国际重复征税是国际税收协定的核心内容，具体又包括明确所得概念、协调各缔约国之间的税收管辖权和确定免除双重征税的方法等。

(1) 明确所得概念

国际税收协定的主要目的之一是免除对所得的双重征税。但是，由于各国对所得的理解不同，所得税的计税依据也不相同，所以，缔结国际税收协定必须首先确定各方都认可的所得概念，同时也要分清各类所得的概念，其中主要是工商企业营业所得、资本所得、权利所得、工资劳务报酬所得等。一般来说，协定中涉及的所得都是纯所得，即扣除成本费用以后的净收入。

(2) 协调各缔约国之间的税收管辖权

各国政府同时行使居民（公民）管辖权和地域管辖权容易引起国际重复征税，为了解决这一问题，必须在协定中明确各缔约国行使税收管辖权的范围，如确定确切的地理概念等，以免在执行中发生争议。协定中还要确认在各缔约国行使税收管辖权的范围内，对哪些所得允许优先行使地域管辖权等。

(3) 确定免除重复征税的方法

无论缔约国在国内税法中对减除重复征税方法是否加以规定，在签订国际税收协定时，必须加以确定或确认，以保证跨国纳税人在国外缴纳所得税后，得到本国政府的税收抵免。抵免的方法是唯一能兼顾两种税收管辖权利益的可行办法。另外，在国际税收协定中还必须明确缔约国各方是否同意税收饶让，以保证在征税时相互配合，从而不致造成有关国家税收分配不合理或税款的国际转移。

3. 保证税收的无差别待遇

税收的无差别待遇是指缔约国各方应实行国民待遇原则，相互给予对方国民以同等于本国国民的税收待遇，保证不加歧视。为了保证税收的无差别待遇，必须在税收协定上加以确认。缔约国一方的跨国纳税人，在缔约国另一方所负担的纳税义务和有关条件不能与该国本国纳税人在相同的条件下的税负和有关条件有所差别，如在税种、税率、征税范围、课征方法等方面，不能对外国纳税人与本国纳税人作出带有歧视性的差别规定。对税收无差别待遇的规定一般包括：国际无差别待遇、常设机构无差别待遇、费用扣除无差别待遇、资本无差别待遇。需要注意的是，税收无差别待遇条款，并不意味着一个缔约国必须给予另一缔约国的国民以相当于本国国民由于国内地位或家庭负担等原因所能享受的税收照顾、优待或减免等一切权力。

4. 消除和减少国际逃税

国际税收协定通常还包括防止国际避税和逃税这一重要方面。随着国家之间的经济往来和跨国经济活动发展，国际税收活动也越来越困难。对于一个国家来说，很难确切地掌握某一跨国纳税人的国际经济活动情况，因此，国际税收协定各缔约国必须进行广泛的国际合作。在税收协定中，一般都制定如下一系列条款：有关核实常设机构收入的条款；有关联署企业的条款；有关利息、特许权使用费的条款等。近年来，有些税收协定还增加了有关防止利用税收协定进行税务投机的条款。在国际税收协定的特别规定中，有关情报交换的条款，对于防止国际避税和逃税具有非常重要的意义。

情报交换是防止和减少国际偷税、逃税的有力措施，在国际税收协定中，有关情报交换的条款，对防止国际避税和国际逃税有着非常重要的意义，并且它还加强了国际税务管理合作的关系，被税务部门称作"协定中的协定"。它有公认的三个限制性条件：①不得要求缔约国一方或另一方采取与其国内法律或行政惯例不一致的措施；②不得要求缔约国一方或另一方提供按其法律或行政渠道所不能得到的情报；③不得要求提供泄露跨国纳税人的工业生产、商业经营和专业技术秘密的资料，或与公共政策相违背的情报。通常，缔约国各方所交换的情报有以下几种：①一般的税务情报资料。其包括法律文件、工作细则、说明书、执行验收协定的各种官方资料、税务部门有关个别税务案例的处理意见以及法律判决书等。②有关跨国纳税人的档案资料。其包括联署企业的所在地点、开歇业日期、经营业务范围和缔约国居民在当地的收入等。③有关跨国纳税人的专门资料。其包括银行往来、利息收支、年度决算报表、利润分配、资料转移和应课征的税种等资料。除了上述三种类型的情报外，有时为了调查某种税收舞弊行为，还可以根据需要提供其他一些性质的情报。为了调查某些经济犯罪案例，与其相关的某些情报资料可以不受限制地提供给对方。为此，在国际税收协定中，一般都要求缔约国各方对收到的情报采取与该国国内法令对同类情报所规定的保密措施来对待。国际通行的情报交换方法主要有：要求缔约国各方对不同资料采取经常交换与临时交换的方法；允许缔约国一方将另一方提供的某些情报，在具备应履行的手续及符合条款规定的条件下，转手提供给并未与另一方直接签订有关税收协定的第三方，这种方法即为三角转换方法；缔约国各方互派常驻对方的代表采取直接向对方主管部门收集资料的方法；对特定案例，由缔约国各方联合进行调查，采取共同行动的方法。

在税收协定中确定转让定价是减少国际避税和逃税的另一重要措施。转让定价是指设在不同国家的母公司和子公司之间的转让贸易如何定价的问题。转让定价如果不合理，会导致国际逃税和漏税。如设在甲国的母公司同设在乙国的子公司之间存在着销货收入、利息收入、劳务收入、租金收入、特许权使用费收入以及有关业务费用的内部分配问题，如果甲、乙两国的税率高低不同，纳税人就有可能通过联署企业内部的转让定价和不合理的分配办法进行合法逃税，如压低其高税率国家联署企业对其低税率国家联署企业的销货、贷款、服务、租赁和转让无形资产等业务的收入和费用的分配标准，以便把收入尽量多地分配到低税率国家的联署企业，把费用尽量多地分配到高税率国家的联署企业，从而实现最大限度地减轻总税负。

为了防止和限制这种国际合法逃税，并在税收协定中确定各方都同意的转让定价方法，一般的国际税收协定都规定，母、子公司的转让定价以当时当地市场价格为准。

参考文献

[1] 贲友红. 中小企业税收筹划 [M]. 上海：立信会计出版社, 2022.07.

[2] 庄粉荣. 税收策划实战案例精选 [M]. 北京：中国铁道出版社, 2022.01.

[3] 顾梅平. 跨境投资经营税收风险指引 [M]. 南京东南大学出版社, 2022.03.

[4] 符栋良, 王胜桥. 创新能力与可持续发展研究系列创新补贴税收优惠与技术创新 [M]. 上海：复旦大学出版社, 2022.10.

[5] 李宝敏. 现代事业单位财政税收与经济管理研究 [M]. 北京：中国商业出版社, 2022.03.

[6] 谷成. 税收与现代国家治理 [M]. 沈阳：东北财经大学出版社, 2021.05.

[7] 黄传伸, 陈光. 税收筹划一本通 [M]. 北京：民主与建设出版社, 2021.07.

[8] 万莹. 税收经济学（第2版）[M]. 上海：复旦大学出版社, 2021.11.

[9] 张文春. 税收与国际资本流动全球化的国际税收问题 [M]. 北京：中国金融出版社, 2021.11.

[10] 尚可文. 税收征管模式改革与创新 [M]. 重庆：重庆大学出版社, 2021.01.

[11] 庄粉荣. 税收策划36计（第2版）[M]. 北京：中国铁道出版社, 2021.05.

[12] 王鲁宁. 税收经济分析理论与方法 [M]. 上海：立信会计出版社, 2021.09.

[13] 古成林. 国际税收实务与典型案例分析 [M]. 上海：立信会计出版社, 2021.09.

[14] 李宇. 税收与减贫 [M]. 西安：陕西人民出版社, 2020.08.

[15] 钱淑萍. 税收学教程（第4版）[M]. 上海：上海财经大学出版社, 2020.02.

[16] 夏仕平. 税收规划及其法律规制研究 [M]. 北京：中国言实出版社, 2020.03.

[17] 朱军. 高级财政学 [M]. 上海：上海财经大学出版社, 2019.04.

[18] 韩小红, 施阳. 财政与金融 [M]. 北京：北京理工大学出版社, 2019.08.

[19] 周铁伦, 高珂. 中期财政规划与地方财政实践 [M]. 济南：济南出版社, 2019.06.

[20] 朱军编著. 高级财政学 [M]. 上海：上海财经大学出版社, 2019.04.

[21] 邱婷. 财政与金融学概论 [M]. 南昌：江西高校出版社, 2019.07.

[22] 蒙丽珍, 古炳玮. 财政学（第5版）[M]. 沈阳：东北财经大学出版社, 2019.08.

[23] 赖溟溟. 财政与金融 [M]. 沈阳：东北财经大学出版社，2018.07.

[24] 汪笛晚，付新法. 财政学 [M]. 延吉：延边大学出版社，2018.10.

[25] 蔡秀云，李红霞. 财政与税收 [M]. 北京：首都经济贸易大学出版社，2018.07.

[26] 相悦丽，赵红梅. 财政与金融 [M]. 北京：冶金工业出版社，2018.09.

[27] 刘春胜，高然. 财政风险与防范 [M]. 延吉：延边大学出版社，2018.09.

[28] 赵兴军. 财政转移支付制度研究 [M]. 北京：九州出版社，2018.06.

[29] 何廉，李锐. 财政学 [M]. 北京：商务印书馆，2017.12.

[30] 陈启修. 财政学总论 [M]. 北京：商务印书馆，2017.12.

[31] 舒志彪. 财政政策的作用机理研究 [M]. 北京：北京联合出版公司，2017.07.

[32] 丁兆君. 我国财政权力结构研究 [M]. 沈阳：东北财经大学出版社，2017.12.